基于"教—学—评"一体提升核心素养的"拼·悦·读"校本课程研究

蔡晓霞 ◎ 著

西南交通大学出版社
·成 都·

图书在版编目（CIP）数据

基于"教—学—评"一体提升核心素养的"拼·悦·读"校本课程研究 / 蔡晓霞著. -- 成都：西南交通大学出版社，2023.10
ISBN 978-7-5643-9498-1

Ⅰ.①基… Ⅱ.①蔡… Ⅲ.①英语课－教学研究－小学 Ⅳ.①G623.312

中国国家版本馆 CIP 数据核字（2023）第 184496 号

Jiyu "Jiao—Xue—Ping" Yiti Tisheng Hexin Suyang de
"Pin·Yue·Du" Xiaoben Kecheng Yanjiu

基于"教—学—评"一体提升核心素养的"拼·悦·读"校本课程研究

蔡晓霞　著

责 任 编 辑	居碧娟
封 面 设 计	原谋书装
出 版 发 行	西南交通大学出版社 （四川省成都市金牛区二环路北一段 111 号 西南交通大学创新大厦 21 楼）
发行部电话	028-87600564　028-87600533
邮 政 编 码	610031
网　　　址	http://www.xnjdcbs.com
印　　　刷	成都中永印务有限责任公司
成 品 尺 寸	170 mm × 240 mm
印　　　张	15.25
字　　　数	301 千
版　　　次	2023 年 10 月第 1 版
印　　　次	2023 年 10 月第 1 次
书　　　号	ISBN 978-7-5643-9498-1
定　　　价	95.00 元

图书如有印装质量问题　本社负责退换
版权所有　盗版必究　举报电话：028-87600562

前 言

2014年教育部研制印发《关于全面深化课程改革落实立德树人根本任务的意见》，提出"教育部将组织研究提出各学段学生发展核心素养体系，明确学生应具备的适应终身发展和社会发展需要的必备品格和关键能力"。根据中国学生发展核心素养，2017年修订的《高中英语课程标准》明确提出了英语学科的四个核心素养。而《义务教育英语课程标准（2022版）》中对核心素养内涵做了更详尽的解释，语言能力、学习能力、思维品质与文化意识是英语学科素养的四个方面，而不是四个素养。核心素养是课程育人价值的集中体现，是学生通过课程学习逐步形成的适应个人终身发展和社会发展需要的正确价值观、必备品格和关键能力。

如何在课堂上让学生进行深度学习，通过什么途径来提升学生的英语学科素养这一问题是一线教师一直在探索的问题。本书力求契合《义务教育英语课程标准（2022版）》理念与精神，以单元整体教学为载体，立足单元，基于主题意义探究，建设"拼·悦·读"校本课程，体现以学生为主体的教育思想，从学生的学习经历和认知基础出发，在英语阅读中培养学生的阅读素养，提升学生的学科核心素养。

全书共十章。第一章介绍了学科核心素养的内涵与演变；第二章整理了义务教育英语课程标准中小学英语阶段有关核心素养的描述及教学建议；第三章罗列了当前小学英语教学在落实核心素养中存在的若干问题；基于以上问题，第四、五章探讨了基于单元整体教学开展阅读教学的意义及关于

"拼·悦·读"校本课程建设的思考；第六章介绍了"拼·悦·读"校本课程定位；第七到九章详细介绍了"拼·悦·读"校本课程的目标、内容、实施途径和评价方式，从若干教学案例的角度对基于英语课程六要素的英语学习活动观和"教—学—评"一体化的教学活动进行了剖析及详细阐述，并从课堂表现性评价、作业评价和课后表现性评价对"拼·悦·读"校本课程评价进行分析；第十章则是"拼·悦·读"校本课程建设相关研究结论与展望。

  从课程的理念到课程的落地更多取决于一线教师的教学设计与实施，我们期望通过课程学习，让学生能做事（关键能力），习惯做正确的事（必备品格）和坚持把事做正确（价值观念）。谨以此书与广大一线英语教师共勉！

蔡晓霞

2022 年 12 月

目 录

第一章 核心素养的内涵及演变 ··· 001

    第一节 学科核心素养的内涵 ·· 001

    第二节 核心素养的演变 ·· 002

第二章 义务教育阶段英语课程的内容与性质 ······························ 004

    第一节 义务教育阶段英语课程标准的目标与内容 ····················· 004

    第二节 义务教育阶段英语课程标准对核心素养小学阶段特征的描述 ·· 006

    第三节 义务教育阶段英语课程标准的教学建议 ························ 006

    第四节 阅读对于核心素养的促进作用 ···································· 008

第三章 当前小学英语教学在落实核心素养中存在的若干问题 ········ 010

    第一节 认识上的偏颇 ··· 010

    第二节 当前小学英语阅读教学的现实困境 ······························ 011

第四章 基于单元整体开展阅读教学的意义 ································· 013

    第一节 遵循儿童发展规律,培养学生的核心素养 ······················ 013

    第二节 建构阅读指导,促进教学质量的提升 ···························· 015

    第三节 丰富多样的英语绘本,提供良好的阅读体验 ·················· 017

    第四节 基于单元整体开展阅读教学的意义 ······························ 020

第五章 关于"拼·悦·读"校本课程建设的思考 ························ 022

    第一节 建设"拼·悦·读"校本课程的背景 ···························· 022

    第二节 "拼·悦·读"校本课程的核心概念 ···························· 023

    第三节 国内外对拼读和阅读研究的现状分析 ··························· 023

    第四节 建设"拼·悦·读"校本课程的必要性及价值 ················ 024

第六章　校本课程理论及定位·····················026

第一节　校本课程的含义························026
第二节　校本课程相关理论······················026
第三节　国外关于英语阅读校本课程的现状研究····027
第四节　国内关于英语阅读校本课程的现状研究····028
第五节　"拼·悦·读"校本课程定位·············029

第七章　"拼·悦·读"校本课程目标与内容·······031

第一节　"拼·悦·读"校本课程目标·············031
第二节　拼读校本课程内容······················033
第三节　阅读校本课程内容······················035
第四节　"拼·悦·读"校本课程体系·············037

第八章　"拼·悦·读"校本课程实施路径·········039

第一节　"拼·悦·读"校本课程教学模式：基于"教—学—评"一体化的 1+2+3 模式·····039
第二节　"拼·悦·读"校本课程教学案例及评析··042

第九章　对"拼·悦·读"校本课程评价的思考····097

第一节　基于"教—学—评"一体化的课堂表现性评价····097
第二节　作业评价······························201
第三节　过程性评价······························218

第十章　"拼·悦·读"校本课程建设研究结论与展望····222

第一节　研究结论及成果························222
第二节　反思与展望····························235

参考文献·······································236

第一章 核心素养的内涵及演变

第一节 学科核心素养的内涵

核心素养是课程育人价值的集中体现,是学生通过课程学习逐步形成的适应个人终身发展和社会发展需要的正确价值观、必备品格和关键能力。英语课程要培养的学生核心素养包括语言能力、文化意识、思维品质和学习能力等方面。语言能力是核心素养的基础要素,文化意识体现核心素养的价值取向,思维品质反映核心素养的心智特征,学习能力是核心素养发展的关键要素。核心素养的四个方面相互渗透,融合互动,协同发展。

一、语言能力

语言能力指运用语言和非语言知识以及各种策略,参与特定情境下相关主题的语言活动时表现出来的语言理解和表达能力。英语语言能力的提高有助于学生提升文化意识、思维品质和学习能力,发展跨文化沟通与交流的能力。

二、文化意识

文化意识指对中外文化的理解和对优秀文化的鉴赏,是学生在新时代表现出的跨文化认知、态度和行为选择。文化意识的培育有助于学生增强家国情怀和人类命运共同体意识,涵养品格,提升文明素养和社会责任感。

三、思维品质

思维品质指人的思维个性特征，反映学生在理解、分析、比较、推断、批判、评价、创造等方面的层次和水平。思维品质的提升有助于学生学会发现问题、分析问题和解决问题，对事物做出正确的价值判断。

四、学习能力

学习能力指积极运用和主动调适英语学习策略、拓展英语学习渠道、努力提升英语学习效率的意识和能力。学习能力的发展有助于学生掌握科学的学习方法，养成良好的终身学习习惯。

第二节　核心素养的演变

人的发展是一切教育活动的逻辑起点与最终目的。义务教育阶段要明确"培养什么人、怎样培养人、为谁培养人"。当今世界科技进步日新月异，特别是网络、自媒体、人工智能等的普及，人们的工作、生活、学习方式不断变化，儿童的成长环境也相应地在快速变化，我们要培养的是能适应终身发展和社会发展需要的人，核心素养就是适应终身发展和社会发展的必备品格和关键能力，突出强调个人修养、社会关爱、家国情怀，更注重自主发展、合作参与、创新实践。下面我们看看核心素养在我国的发展历程。

一、中国学生六大核心素养的提出

核心素养是 1997 年由联合国经合组织（OECD）最早提出来的。之后，欧盟、联合国教科文组织、美国、日本等纷纷开始研制学生核心素养框架，这些探索为我国建构学生核心素养框架提供了宝贵的经验。

为全面贯彻党的教育方针，落实立德树人的根本任务，2014 年，教育部印发《关于全面深化课程改革落实立德树人根本任务的意见》，提出"教育部将组织研究提出各学段学生发展核心素养体系，明确学生应具备的适应终身发展和社会发展需要的必备品格和关键能力"。

中国学生发展核心素养，以科学性、时代性和民族性为基本原则，以培养"全面发展的人"为核心，分为文化基础、自主发展、社会参与三个方面，综合表现为人文底蕴、科学精神、学会学习、健康生活、责任担当、实践创新六大素养（如图 1-1 所示），具体细化为国家认同等十八个基本要点。

图 1-1 中国学生六大核心素养框架

二、《普通高中英语课程标准（2017 版）》

中国学生发展核心素养是党的教育方针的具体化、细化。为建立核心素养与课程教学的内在联系，充分挖掘各学科课程教学对全面贯彻党的教育方针、落实立德树人根本任务、发展素质教育的独特育人价值，各学科基于学科本质凝练了本学科的核心素养，明确了学生学习该学科课程后应达成的正确价值观念、必备品格和关键能力，对知识与技能、过程与方法、情感态度价值观三维目标进行了整合。

《普通高中英语课程标准（2017 版）》明确指出：学科核心素养是学科育人价值的集中体现，是学生通过学科学习而逐步形成的正确价值观念、必备品格和关键能力。英语学科核心素养主要包括语言能力、文化意识、思维品质和学习能力。

三、《义务教育英语课程标准（2022 版）》

《义务教育英语课程标准（2022 版）》指出，核心素养是课程育人价值的集中体现，是学生通过课程学习逐步形成的适应个人终身发展和社会发展需要的正确价值观、必备品格和关键能力。

第二章 义务教育阶段英语课程的内容与性质

第一节 义务教育阶段英语课程标准的目标与内容

一、课程目标

学生通过英语课程的学习，应达到如下目标。

1. 发展语言能力

能够在感知、体验、积累和运用等语言实践活动中认识英语与汉语的异同，逐步形成语言意识，积累语言经验，进行有意义的沟通与交流。

2. 培育文化意识

能够了解不同国家的优秀文明成果，比较中外文化的异同，发展跨文化沟通与交流的能力，形成健康向上的审美情趣和正确的价值观；加深对中华文化的理解和认同，树立国际视野，坚定文化自信。

3. 提升思维品质

能够在语言学习中发展思维，在思维发展中推进语言学习；初步从多角度观察和认识世界、看待事物，有理有据、有条理地表达观点；逐步发展逻辑思维、辩证思维和创新思维，使思维体现一定的敏捷性、灵活性、创造性、批判性和深刻性。

4. 提高学习能力

能够树立正确的英语学习目标，保持学习兴趣，主动参与语言实践活动；

在学习中注意倾听、乐于交流、大胆尝试；学会自主探究，合作互助；学会反思和评价学习进展，调整学习方式；学会自我管理，提高学习效率，做到乐学善学。

二、课程内容

英语课程内容由主题、语篇、语言知识、文化知识、语言技能和学习策略等要素构成。围绕这些要素，通过学习理解、应用实践、迁移创新等活动，推动学生核心素养在义务教育全过程中的持续发展（如图 2-1 所示）。

图 2-1　义务教育英语课程内容结构示意图

课程内容的六个要素是一个相互关联的有机整体，共同构成核心素养发展的内容基础。其中，主题具有联结和统领其他内容要素的作用，为语言学习和课程育人提供语境范畴；语篇承载要表达主题的语言知识和文化知识，为学生提供多样化的文体素材，语言知识为语篇的构成和意义的表达提供语言要素；文化知识为学生奠定人文底蕴、培养科学精神、形成良好品格和正确价值观提供内容资源；语言技能为学生获取信息、建构知识、表达思想、交流情感提供途径；学习策略为学生提高学习效率、提升学习效果提供具体方式方法。

第二节 义务教育阶段英语课程标准对核心素养小学阶段特征的描述

在小学阶段，三、四年级学生能在教师指导和帮助下完成学习任务。比如能理解日常生活中熟悉的简单语言材料，开始产生语感；能用基本的、简短的语言与他人交流，描述身边熟悉的事物；有主动了解中外文化的愿望，观察、感知不同国家或文化背景下的家庭生活、学校生活、社会生活等，具有身份意识和国家认同感；通过比较，识别各种现象的异同，尝试从不同角度观察世界；对英语学习产生兴趣，初步养成良好的学习习惯；在学习活动中尝试与他人合作，共同完成学习任务。

五、六年级学生能在教师引导和启发下完成学习任务。比如能理解日常生活中常见的简单语言材料，初步形成语感；能围绕相关主题，用所学语言进行交流，表达自己的想法，实现基本的沟通与交流；感知与体验文化多样性，能初步了解与中外文化有关的具体现象与事物；涵养家国情怀，树立文化自信，形成正确的价值观和良好的品格；能初步独立思考，具有问题意识，能多角度、辩证地看待事物，对事物做出正确的价值判断，并有条理地表达观点；能根据学习进展情况调整学习计划和策略，初步找到适合自己的英语学习方法，基本养成良好的学习习惯；在学习活动中主动探究，与他人合作，共同完成学习任务。

第三节 义务教育阶段英语课程标准的教学建议

一、坚持育人为本

教师要把落实立德树人作为英语教学的根本任务，准确理解核心素养内涵，全面把握英语课程育人价值；引导学生在学习和运用英语的过程中，了解不同国家的风土人情、文化历史，以及科技、艺术等方面的优秀成果，进行中外文化比较分析，拓宽国际视野，加深对中华文化的理解，增强中华文化认同感，逐步树立正确的世界观、人生观和价值观。

二、加强单元教学的整体性

教师应注重推动实施单元整体教学。教师要强化素养立意，围绕单元主题，充分挖掘育人价值，确立单元育人目标和教学主线；深入解读和分析单元内各语篇及相关教学资源，并结合学生的认知逻辑和生活经验，对单元内容进行必要的整合或重组，建立单元内各语篇内容之间及语篇育人功能之间的联系，形成具有整合性、关联性、发展性的单元育人蓝图；引导学生基于对各语篇内容的学习和主题意义的探究，逐步建构和生成围绕单元主题的深层认知、态度和价值判断，促进其核心素养综合表现的形成。

三、深入开展语篇研读

教师要以语篇研读为逻辑起点开展有效教学设计。教师要充分认识语篇在传递文化意涵、引领价值取向、促进思维发展、服务语言学习、意义理解与表达等方面的重要作用。开展语篇研读，教师要对语篇的主题、内容、文体结构、语言特点、作者观点等进行分析；明确主题意义，提炼语篇中的结构化知识，建立文体特征、语言特点等与主题意义的关联，多层次、多角度分析语篇传递的意义，挖掘文化内涵和育人价值，把握教学主线。教师应根据学生对主题的已知与未知，确定教学目标和教学重难点，为设计教与学的活动提供依据。

四、秉持英语学习活动观组织和实施教学

教师要充分认识到学生是语言学习活动的主体，要引导学生围绕主题学习语言、获取新知、探究意义、解决问题，逐步从基于语篇的学习走向深入语篇和超越语篇的学习，确保学生语言学习的过程成为其语言能力发展、思维品质提升、文化意识建构和学会学习的成长过程。教学设计与实施要以主题为引领，以语篇为依托，通过学习理解、应用实践和迁移创新等活动，引导学生整合性地学习语言知识和文化知识，进而运用所学知识、技能和策略，围绕主题表达个人观点和态度，解决真实问题，达到在教学中培养学生核心素养的目的。

五、引导学生乐学善学

英语教学不仅要重视"学什么"，更要关注学生是否"喜欢学"以及是否知道"如何学"。教师要根据学生的认知特点，设计调动学生多感官参与的语

言实践活动，让学生在丰富有趣的情境中，围绕主题意义，通过感知、模仿、观察、思考、交流和展示等环节，感受学习英语的乐趣。

六、推动"教—学—评"一体化设计与实施

教师要准确把握教、学、评在育人过程中的不同功能，树立"教—学—评"的整体育人观念。"教"主要体现为基于核心素养目标和内容载体而设计的教学目标和教学活动，决定育人方向和基本方式，直接影响育人效果；"学"主要体现为基于教师指导的、学生作为主体参与的系列语言实践活动，决定育人效果；"评"主要发挥监控教与学过程和效果的作用，为促教、促学提供参考和依据。教师要注重三者相互依存、相互影响、相互促进的关系和作用，发挥协同育人功能。

七、提升信息技术使用效益

教师要充分认识到现代信息技术不仅为英语教学提供了多模态的手段、平台和空间，还提供了丰富的资源与跨时空的语言学习和使用机会，对创设良好学习情境、促进教育理念更新和教学方式变革具有重要支撑作用。要积极关注现代信息技术在英语教学应用领域的发展和进步，努力营造信息化教学环境，基于互联网平台开发和利用丰富的、个性化的优质课程资源，为学生搭建自主学习平台；要将"互联网+"融入教学理念、教学方法、教学模式中，深化信息技术与英语课程的融合，推动线上线下学习相结合，提高英语学习效率。在利用信息技术开展教学时，要注意确保网站信息安全、健康、可用，引导学生关注网络资源使用的安全性；要合理、恰当地使用现代信息技术，避免完全代替师生课堂上真实而鲜活的、充满观点碰撞、情感交流的语言活动。

第四节 阅读对于核心素养的促进作用

英语课程内容是发展学生英语学科核心素养的基础，包含六个要素：主题语境、语篇类型、语言知识、文化知识、语言技能和学习策略。

主题语境涵盖人与自我、人与社会和人与自然，涉及人文社会科学和自然科学领域等内容，为学科育人提供话题和语境。英语作为现代社会获取信息最重要的语言之一，无疑具有独特的育人优势，阅读正是培养学生综合人

文素养、拓展未来发展前景的重要途径和必备能力。英语阅读文本中涉及的材料知识面广，信息含量大，并且包含了大量的源语言国家的社交礼仪、风土人情、价值观念等文化内容，能够有效地开阔学生的文化视野，培养跨文化的情感体验，提升学生的认知和反思能力，促进学生核心素养的形成和发展。

第三章

当前小学英语教学在落实核心素养中存在的若干问题

第一节 认识上的偏颇

一、应试教育论导致核心素养在课堂难落地

由于应试教育的目标导向性很强，以考试分数论成败。基于升学的目的，学生必须努力学习，竞争机制的引入几乎是不可避免的。为了让学生在群体竞争中完成学业，必然造成学生间相互较劲，甚至形成不健康的班级文化。在此机制之下，落实立德树人、提升学生核心素养的教育目的自然就被置之脑后。

英语课程改革多年，提倡深度学习，提升学生的核心素养教育也已经开展了很长一段时间，但还是有大量的教师、家长将升学这一目标看成学习的唯一目的，唯分数论，导致学习内容碎片化，核心素养很难在课堂落地。

二、教师阅读教学方式对学生学习的不良影响

在小学英语阅读教学活动中，教师受应试教育的影响，对于文章的讲解大都采用逐字逐句的翻译形式，让学生知道文章意思，没有新单词就完成了阅读教学。其实这种教学方式是错误的。教师的教学方法也是学生后续学习的主要方法。这样的教学会让学生在自行进行英语阅读时依然采用全篇翻译的形式，囫囵吞枣。这样不但大大降低了阅读的效率，而且不能在整体上把握文章，进行深度理解，不能读懂作者的意图，读完文章后很难形成正确的

情感态度价值观。

第二节 当前小学英语阅读教学的现实困境

一、教学目标单一

1. 只关注语言知识

教师更关注语言知识和理解能力。大多数教师只关注学生学会了什么单词、句子，能否理解文章意思。教学目标停留在读懂文章的浅层知识目标。

2. 忽视核心素养的目标

教师只关注语言知识，忽视学生的拼读能力、阅读习惯、思维、情感等方面的培养。教师没有基于主题意义探究，深挖作者的意图和通过文章传递给读者的教育意义；在教学过程中没有通过问题链的设置引导学生在阅读时思考，培养学生的思维品质。

二、阅读材料匮乏

1. 阅读流利度对阅读兴趣的抑制作用

除教材语篇外，小学生由于单词量少，不足以实现原版绘本的阅读，对其阅读兴趣有抑制作用。

2. 阅读材料匮乏

阅读流利度抑制学生的阅读兴趣，导致学生怕读、厌读英语阅读材料。除教材语篇外，很难找到适合学生阅读水平的阅读材料。

三、教学方法单一

1. 注重语言能力的训练

教师阅读教学活动多在于语言训练，如单词、句子图文配对练习、文段填空练习、文章意思理解性单项选择训练等。这类活动主要关注学生在语篇学习中的语言能力训练。

2. 缺乏对核心素养的训练

教师把大部分教学时间用于训练学生的语言能力，而没有关注学生学习过程中思维品质、文化意识等方面的训练。

四、阅读评价片面

1. 评价内容片面

教师主要关注对词汇语法、内容理解的考查，忽略了策略、文化意识、思维品质等的培养。教师对学生的阅读评价注重对学生知识掌握的评价，易忽略对学生学习过程中其他方面能力如认知能力、学习方法、情感发展等动态能力的评价。

2. 评价主体单一

未能发挥学生的评价作用。很多阅读评价被教师主导，教师成了阅读教学评价的唯一主体。由于学生无法参与到评价过程中，所以无法对自己以往的学习方法以及学习过程进行反思，不能发挥其主体作用。

第四章
PART FOUR

基于单元整体开展阅读教学的意义

第一节 遵循儿童发展规律，培养学生的核心素养

一、儿童英语阅读学习应遵循其认知规律

1. 皮亚杰的认知理论与小学生的认知特点

皮亚杰在其著作《儿童心理学》中指出：认知发展是成熟的脑部和神经系统，以及使个体适应周围环境的经验相互作用的结果。皮亚杰发现，在智力发展的每一个阶段，儿童的认知发展都是不相同的。他将儿童的认知发展划分为四个阶段：感觉运动发展阶段（0~2岁）、前运算阶段（3~7岁）、运算阶段（8~12岁）、形式运算阶段（12岁以后）。既然儿童的认知发展过程具有规律性，教育就必须按其规律来组织。他指出，"一切理智的原料并不是所有年龄阶段的儿童都能吸收的，我们应考虑到每个阶段的特殊兴趣和需要"。

皮亚杰在其认知心理学中指出，儿童语言的发展与认知能力有很大关系。儿童语言的发展是天生的心理认知能力与客观经验相互作用的结果，认知能力的发展决定了语言的发展。因此，在儿童语言教学，尤其是英语教学过程中，教师要充分认识儿童的认知特点，遵循儿童语言习得的认知规律。

小学三到六年级学生一般为9~12岁，这一阶段既保留着幼儿期的一些心理特点，又开始有了童年期心理发展的特点。处在前运算阶段和具体运算阶段的他们，思维的主要特点是具体形象性，抽象逻辑思维刚开始萌芽。而英

语绘本是以"图"为主的，图画具有视觉形象性的特点，生动的视觉表象能够提高学生阅读的积极性，唤起对所学对象的兴趣和情感，丰富感知，促进积极思维，有利于记忆和知识的巩固。与文字信息相比，图画所传递的信息更容易理解。另外，绘本所提供的鲜明、直观、生动、具体形象的刺激能引发他们聚精会神的观察及注意。要理解书本的内容、故事情节的前后关系、主要人物身上发生的变化等，就需要不断地组织和控制着自己的注意力，对画面认真地观察。因此，图画书阅读有利于维持并发展小学生的有意注意和观察能力。

绘本是图文合二为一的，所以在绘本阅读过程中，小学生需要结合画面意义，回忆表达画面内容的语言。这就需要他们在阅读学习时有意地接收信息并进行编码，在重复阅读时利用一定的记忆策略提取信息。也就是说，绘本阅读有助于他们逻辑识记能力的发展。绘本故事的情节引导着他们在阅读的过程中自发地对故事中人物间的相互关系、故事情节中的逻辑关系、前后因果关系等进行判断和推理，自然地引导着他们的抽象逻辑思维的发展。

2. 布鲁纳的认知发展理论

布鲁纳(Jerome Seymour Bruner)把认知结构称为"表征"(representation)，并认为表征有三种：动作性表征、映象性表征和符号性表征。

布鲁纳强调指出，以上三种表象系统是相互联系的。人的智力发展会始终沿着这三种表象系统的顺序前进。从动作性表象模式经映象性表象模式到符号性表象模式这三个阶段是儿童智力发展中编码系统的顺序，它很可能是学习任何一门学科的最佳序列。据此，教师传授新知识时，最初宜用非语言的指导，然后鼓励学生运用由图表或图画表示的再现表象，最后用符号，即通过语言的使用进行教学。对年龄较大的、基础较好的学生，可在映象性表征基础上开始学习新知识，教师也需为之提供可依靠的基本形象。在小学英语阅读教学中使用绘本的教学恰好符合这个序列，绘本是发展小学生认知的有效载体。

二、小学生英语阅读核心素养的意义

核心素养是课程育人价值的集中体现，是学生通过课程学习逐步形成的适应个人终身发展和社会发展需要的正确价值观、必备品格和关键能力。英语课程要培养的学生核心素养包括语言能力、文化意识、思维品质和学习能力等方面。语言能力是核心素养的基础要素，文化意识体现核心素养的价值取向,思维品质反映核心素养的心智特征,学习能力是核心素养发展的关键要素。核心素养的四个方面相互渗透,融合互动,协同发展。

在核心素养理念的指导下,教师需要重视对学生各方面素质的培养。在学生的全面发展中,培养核心素养占据着重要地位。在小学英语教学中,对核心素养培养的追求不仅能够提升学生语言知识技能,还能够有效提高学生的思维品质,形成适应社会需求和终身发展的学习能力,增强文化自信。核心素养的渗透不仅能够培养学生的优良品质,还能不断提高学生的综合素质,提高学生的道德情操、社会责任感,帮助其树立正确的人生观。将英语绘本作为阅读材料的补充,是培养核心素养的有效载体。

第二节 建构阅读指导,促进教学质量的提升

在小学生的英语教学中,教师占据着主导地位。教师通过提高学生的英语阅读兴趣,增强学生的阅读能力,帮助学生树立正确的阅读习惯等,养成良好的阅读品格,以期促进核心素养的有效提高。在英语教学中,教师的教学是传导知识的有利途径,也是学生获得能力和知识的来源。总的说来,教师大致可以从以下几个方面对小学生的英语阅读加以指导。

一、激发学生对英语学习的热情

兴趣是所有学习的开始,英语也不例外。如果英语阅读材料生动有趣,学生就会有很强烈的意愿去阅读和理解,主动地将英语阅读活动进行下去。教师在教学中,最为重要的是先培养学生对学习英语的热情。只有这样,学生在学习过程中遇到困难时,才会积极地去解决,最终达到学习的目的。通常情况下,只有当学生解决了他所遇到的困难和问题并且取得突破时,他们才会对学习产生积极主动的热情,从而积极地解决其他学习中所遇到的难题。这种渴求知识的力量,会让学生主动钻研、查找资料并寻求老师的帮助。所以,若想提高学生的阅读能力,最重要的是要引起学生对知识的渴求。在课堂上,让学生成为学习的主体会起到事半功倍的效果。

在一开始的尝试中,会出现个别学生听不懂的现象,需要老师细细地讲解,学生才能领悟。慢慢地,英语基础稍好一点的学生就会逐渐掌握,也会提出自己的想法和见解。而那些英语功底薄弱一些的学生,为了能够听懂这些有意思的小故事,会自觉去查找资料,积极地思考。经过一段时间的训练,

学生不会再将英语阅读当作学习的压力，而会把它当作一种乐趣，不但能提高英语阅读能力，英语口语的表达能力也会相应提高。

二、增加学生的知识储备量

大量的知识储备是学好英语阅读的必要条件。但是，在以往的小学英语教学中，迫于教学理念、资源等的限制，学生在英语文化背景等方面的学习受到客观条件的制约，因此对西方文化的了解相对有限，对提高英语阅读能力的作用并不大。这就要求教师作为知识的传授者和引导者，要带领学生广泛阅读英文资料，通过大量的英文阅读来了解英语国家的文化背景和世界的最新动态。学生在此过程中，还会收获大量的阅读词汇与语言技巧，这样才能真正提高学生的英语阅读水平。当然，这就要求教师精心挑选阅读材料，对所选取文章的难易程度、类型和长短等方面有合理的规划，并且把所选的内容与教材相联系，不能让学生每天只乐于进行补充阅读而忽略了教材。

三、改进学生的阅读技巧，提升阅读质量

（一）阅读技巧

英语阅读能力的提高，少不了阅读技巧的功劳，只有掌握了正确的阅读技巧和阅读方法，阅读过程才能顺利地进行。在传统的教学模式中，阅读的方法不外乎先预读再细读。这一方法十分笼统，因为这一方法没有对哪些方面应该提前预读，该如何细选，该着重理解哪一部分内容等方面提出具体要求。作为教师，在阅读技巧方面应该给予学生更细化的指导，而不是粗略的定义。

（二）分类具体讲解

教师要结合学过文章的类型和文学体裁，为学生进行具体讲解。其实，英语和汉语一样，每一种体裁都有自己的写作手法和特点，如果教师能够将这些体裁的特点一一归纳出来，学生就能尽早掌握文章的结构和特点，迅速地抓住重点，找到中心内容，从而理解整篇文章的大致内容，这样学生就能更快地提高阅读的速度和效率，阅读能力定会有大幅度的提升。

（三）阅读方式

前文已经说过，阅读技巧对阅读理解能力的影响十分重大，但是事实上

很多非语言因素对阅读理解能力的提升作用也是不可低估的，包括阅读习惯、心理活动和阅读方法等因素的影响。因而在学生的学习过程中，教师应该告诉学生正确的阅读方式，而不是逐字逐句地翻译；应该完整地去领悟各个部分，整体感知文章。种种错误的阅读方式都是制约阅读能力的非语言因素，教师应在学习和授课的过程中重视这一因素。此外，教师还应纠正学生的不良阅读习惯，不健康的阅读方式会影响学生的阅读能力。

总而言之，英语阅读是小学生学习中的重点，培养英语阅读能力则是重中之重。提高小学生的英语阅读能力需要教师的悉心指引与教育，只有方法得当，才能培养出学生对英语的热情，攻克学习中所遇到的困难和问题。

第三节　丰富多样的英语绘本，提供良好的阅读体验

一、小学英语绘本利用的现状

（一）英语绘本发展态势

英语作为世界通用语言之一，世界其他国家的经典绘本大都已译为英语。因此，在发达国家，经典英语绘本以其文字凝练、画面优美、意境丰富等独特魅力，开始广泛吸引中等教育界的研究兴趣。在日益全球化的今天，我国小学英语教师完全可以凭借专业的优势，利用经典英语绘本，激发学生的英语阅读兴趣，从根本上提高学生的阅读能力；在英语绘本的阅读中涵养不同的文化素养，扩大阅读世界。

（二）小学英语绘本使用的现状

国内引入绘本阅读教学的时间相对较晚，在知网检索栏输入"英语绘本""英语图画书"等关键词，能搜到的较早的记录为 2000 年金李俪的论文《图画书：英语文学教学的新工具》。在该文中，她以当代英国图画书为例介绍和分析英语图画书的文学流派、表现手法以及主题，突出英语图画书对英语文学教学的意义。而在英语绘本阅读研究方面，国内的相关研究则较为单一，而且研究方法也不够多样化，基本采用了实验研究法。自 2011 年起，关于小学英语课堂引进绘本的研究开始呈直线上升的趋势。在小学绘本阅读教学方面，凡是在课堂中引入绘本教学的地区，其学生的英语阅读能力都有不同程度的提高。事实也是如此，经过基于英语绘本的阅读教学，小学生情绪的发展、社会性的发展、想象力的发展、语言的发展等方面都有了显著的提高，

而且绘本阅读等教学方式可以全面帮助学生培养多元智能，促进小学生多元发展。

二、英语绘本作为小学生阅读的载体，能有效提升英语学科的核心素养

在众多的阅读体裁和阅读材料中，绘本为什么能有效提升英语学科的核心素养呢？笔者经过教学实践，总结出以下几个原因：

1. 绘本能在真实语境中发展孩子的语言能力

绘本是以图文并茂的形式，反映儿童生活为主的儿童图书。一本绘本就是一个完整的故事，有助于学生理解记忆、掌握语境以及提高基于真实语境的真实语言能力。绘本具有简单的故事情节，押韵或是同一句型的复现是最突出的特点。句型有意义地不断复现，有利于学生察觉和掌握英语文章，发展语言能力。如绘本 Mouse：

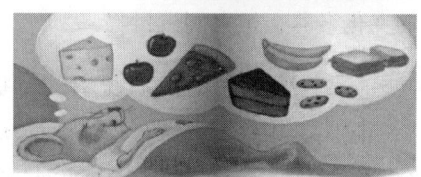

故事发生在睡觉前，小老鼠说出她想吃的东西以及喜欢在床上吃的东西。每个场景都在重复相同的句型：She likes… She likes to eat… in bed. 学生在真实情景中学习食物的单词，在小老鼠的睡梦中复习相关单词。

2. 绘本能丰富孩子的想象力，构建文化品格

绘本中高质量的图与文，对培养孩子的认知能力、想象力和构建文化品

格，都有着难以估量的潜移默化的影响。比如绘本 *A Dark Dark Tale*：

在一片广阔的荒野上有一座幽深黑暗的森林，森林里有一栋又旧又暗的房子。房子前面有一扇黑黑的门……这本书一开始就像是恐怖片一般，整本书的绘画色调和构图安排充满了阴森森、让人寒毛战栗的感觉。书中每一页的起首句都是"There was a dark dark...."就这样，读者的情绪随着每一页画面节节上升，到底那一页页的背后究竟躲藏着什么？到故事最后，读者们会发现原来只不过是只小老鼠罢了！*A Dark Dark Tale* 让孩子在阅读的过程中了解西方国家的女巫、黑猫、黑森林等恐怖意象，通过故事的讲述告诉怕黑的孩子，黑不一定很可怕，通过幽默的方式让孩子不再怕黑。

3. 绘本是用图讲故事、讲道理的书，能提升孩子的思维品质

低年龄段儿童掌握的英语有限，但儿童阶段是懂道理的关键时期，所以绘本用图画的方式对儿童讲道理，能让阅读绘本的孩子明白道理，接受道理，有助于发展儿童的认知能力，促进思维品质的提升（鲁子问，2016）。如前面提到的绘本 *Mouse*，教师在教学时通过适当提问引导孩子思考：Is it good to eat in bed? Is it good to eat before going to bed? What should she do after eating? 通过故事阅读，帮助学生养成良好的卫生习惯。

第四节　基于单元整体开展阅读教学的意义

一、单元整体教学的理论基础

1. 国外研究

单元整体教学源于国外的"整体教学法"（Holistic teaching method），起初被用于科学、艺术及阅读教学，后运用于第二语言教学中。1993 年 Carole Edelsky 出版的 *Whole Language in Perspective*（《整体语言观》）一书又进一步发展了整体语言教学，认为整体语言学习是人们将语言学习从一个整体中区分出部分的逐步深入的学习过程，而不是把语言分割为词、音、句等部分来学。

2. 国内研究

吕世虎等（2016）提出"单元教学设计是为了优化教学效果，在教学整体观的指导下，用系统论的方法对教材中具有某种内在关联性的内容进行分析重组整合后形成的教学设计"。此后，崔允漷（2019）认为"单元不是一个主题下多篇课文的集合，而是一种学习单位，一个单元就是一个完整的学习事件或学习故事"。他们的论述为单元整体教学明确了基本的概念，据此我们可以认为单元整体教学就是教学生完整地去认识具有某种内在关联性的事物或主题。

程晓堂（2018）在其研究中提出"英语教学要围绕主题和语境设计教学目标、教学内容和教学活动"。教师应该把语言作为整体来学习，有助于培养学生的学习动机和积极性。王蔷等（2020）在研究大概念的基础上，提出"'教—学—评'一体化是落实英语学科核心素养目标的重要保障，遵循大观念，教师需要设计反映学生学习表现和学习成效的评价活动"。

上海市英语教研员朱浦老师带领团队，对单元整体教学进行了长达 10 年的研究，出版了《小学英语单元整体教学实践与研究》系列丛书。

新课标颁布后，王蔷、梅德明和龚亚夫等专家，通过线上开展了密集的课标解读培训，让一线教师对课标理念有了初步的理解，有关大观念、单元整体教学、英语学习活动观和"教—学—评"一体化的培训，让一线教师对单元整体教学的理念和操作办法有了基本的框架。

二、单元整体教学的含义

依据单元育人蓝图实施教学，要构建由单元教学目标、语篇教学目标和课时教学目标组成的目标体系，使学生逐步建构起对单元主题的完整认知，促进正确态度和价值观的形成。各层级目标要把预期的核心素养综合表现融入其中，体现层级间的逻辑关联，做到可操作、可观测、可评价。实现语篇教学目标和课时教学目标是达成单元教学目标的前提。

教师要以单元教学目标为统领，组织各语篇教学内容，规划系列教学活动，实施单元持续性评价，引导学生在学习过程中逐步建构对单元主题的认知，发展能力，形成素养。

三、深入开展语篇研读，提升学生学科素养，确定育人目标

教师要以语篇研读为逻辑起点开展有效教学设计，充分认识语篇在传递文化意涵、引领价值取向、促进思维发展、服务语言学习、意义理解与表达等方面的重要作用。开展语篇研读，教师要对语篇的主题、内容、文体结构、语言特点、作者观点等进行分析；明确主题意义，提炼语篇中的结构化知识，建立文体特征、语言特点等与主题意义的关联，多层次、多角度分析语篇传递的意义，挖掘文化内涵和育人价值，把握教学主线。

四、基于"教—学—评"一体化开展单元整体教学

1. 教学目标的设置

提炼基于单元大概念与课时小概念下的主题意义探究策略，制定单元目标与分课时目标，落实学科育人功能。

2. 教学内容的整合

根据单元主题与课时小主题重构文本，在连贯、递进的语境中实施教学。

3. 教学过程的推进

围绕单元主题有效构建语言知识与技能体系，探讨英语活动观中不同层次学习活动的实施策略，使知识转化成素养，指向深度学习。

4. 教学评价的设计

目标、教学、学习、评价融为一体，探索"教—学—评"一体化的实施策略，并真正落实到每节课的课堂教学中。

PART FIVE 第五章

关于"拼·悦·读"校本课程建设的思考

第一节 建设"拼·悦·读"校本课程的背景

一、课标要求

《义务教育英语课程标准（2022版）》课程目标中提到，核心素养是课程育人价值的集中体现，是学生通过课程学习逐步形成的正确价值观、必备品格和关键能力。英语课程要培养的学生核心素养包括语言能力、文化意识、思维品质和学习能力等方面。在主题统领下，依托语篇，通过学习理解、应用实践、迁移创新等活动，推动学生核心素养在义务教育全程中持续发展。所以，课题组在小学阶段开展阅读教学，通过开发"拼·悦·读"校本课程，在语境中强调语用功能，通过语言内容、活动培养学生的思维和情感策略，渗透文化，提升阅读情感，最终培养学生的综合运用能力，提升学科素养。

二、现实困境

现阶段小学英语阅读教学存在以下几个问题：① 教学目标单一。教师更关注语言知识、理解能力，忽视学生的拼读能力、阅读习惯、思维、情感等方面的培养。② 阅读材料不足。除教材语篇外，由于小学生单词量少，不足以支撑学生阅读原版绘本，对学生的阅读兴趣有抑制作用。③ 教学方法单一。教学活动多在于语言训练，没有关注学生学习过程中思维品质、文化意识等方面的训练。④ 阅读评价片面。教师主要关注对学生词汇语法、内容理解的考查，忽略了策略、文化意识、思维品质等的培养。

第二节 "拼·悦·读"校本课程的核心概念

一、阅读素养

国际学生评估项目（Program for International Student Assessment，PISA）将"阅读素养"定义为"人们为了达成目标、开发潜能和参与社会，理解和运用书面文本并对其进行反馈，与之互动的能力"（经济合作与发展组织，2013）。北京师范大学教授王蔷在对中小学外语阅读素养的内涵界定中指出，阅读素养应涵盖"外语阅读能力"和"外语阅读品格"两方面。本书所指阅读素养是在此基础上，让孩子"会阅读"（阅读能力），"爱阅读"（阅读品格），最终享受阅读。

二、"拼·悦·读"校本课程

"校本课程"是外来语，最先出现于英、美等国，已有 20 多年的历史。现在在中国新课改的教育背景下，校本课程成为新课改的重点。校本课程是以学校为本位，由学校根据自身资源优势及学生实际需要研发的课程，在内容安排上具有灵活性，在课程设置上具有选择性。

本课题中的"拼·悦·读"校本课程建设研究，是以教材的单元主题为依托，使用课题组开发的"拼读·阅读"读本，通过自然拼读提高学生的文本解码能力和阅读理解能力，从而乐于阅读，享受阅读；探究课程的实施和评价方法，研讨单元整体教学模式下"绘本阅读"的教学策略，使阅读教学得到具体的落实，进而提升学生的英语阅读素养。

第三节 国内外对拼读和阅读研究的现状分析

一、国外拼读、阅读教学现状

自然拼读（Phonics）是欧美国家广泛推崇的英语教学法，也是以英语为母语的儿童语言启蒙所采用最多的方法。这种方法主要是通过字母、字母组合同它们的发音之间的内在联系，帮助学生建立一座连通发音和拼写的桥梁，从而达到见词能读、听音能写，提高阅读流畅度。由于英语是母语，所以在阅读教学中老师更多关注的不是对文本的理解，而是借助文本，培养思维品质，提高阅读素养。

二、国内拼读、阅读教学现状

近年来，国内越来越重视语音教学，市面上也有很多自然拼读教材与自然拼读分级绘本。现珠海市小学使用的主教材也有语音部分。如粤人版《英语》"Sounds and words"板块和人教版《英语》"Let's spell"板块等。但语音教学内容安排不系统，且时间跨度大。三年级主要教 a 到 z 26 个字母的拼读规律，而从四年级开始到六年级期间教授的内容并没有按照一定的规律系统排列。这不利于帮助学生掌握拼读规律。而根据教材的安排，学生要从三年级到六年级，花四年时间才把自然拼读法学完，这不利于培养学生的文本解码能力。而且语音板块只单独操练语音单词，没有阅读材料作为拓展，不足以提高学生的语言能力。

三、本区研究现状

珠海市香洲区正在进行"教—学—评"一体化的小学英语单元整体教学区域发展研究，目的是促进学生的深度学习，提升学生的学科核心素养。香洲区海湾小学英语教学紧紧围绕单元整体教学，通过语篇阅读，在小学低年段进行自然拼读启蒙，让学生掌握自然拼读，提高文本的解码能力；三到六年级结合教材单元主题补充主题绘本阅读，从拼读到悦读，培养学生的阅读素养，提升学生的学科核心素养。

第四节　建设"拼·悦·读"校本课程的必要性及价值

一、英语阅读能够有效培育学生阅读素养，促进学生全面发展

英语阅读文本中涉及的材料知识面广，信息含量大，并且包含了大量源语言国家的社交礼仪、风土人情、价值观念等文化内容，能够有效地开阔学生的文化视野，培养跨文化的情感体验，提升学生的认知和反思能力，促进学生阅读素养的形成和发展。

二、英语阅读教学能够激励教师及时更新知识，促进教师专业成长

长期以来，英语教师已经习惯于聚焦对词汇语法等语言点的讲解，只看到"树木"，忽略了语篇这个"森林"，久而久之，自身的整体阅读和快速把握文章脉络和主要信息的能力也逐渐下降。要在教学中训练和培养学生的阅读能力和素养，就必须从提升和更新自身做起，彻底转变教育观念，重新审视自己的专业水平和能力，深刻理解英语学科核心素养的内涵和精髓，加快自身专业成长才能教好学生。

三、英语阅读类校本课程的开发与实施是完善校本课程体系、促进学校内涵发展的重要路径

2019年3月，珠海市成为教育部基础教育课程教材发展中心、课程教材研究所的14个基础教育课程改革实验区之一，校本教材是校本课程实施的必要途径，也是推动珠海市实验区建设，促进基础教育内涵式发展的关键。我校开发"拼·悦·读"校本课程，通过音素、拼读提高学生的文本解码能力，选取与教材单元主题相关的绘本，在语境中强调语用功能，通过语言内容、活动培养学生的思维和情感策略，渗透文化，提升阅读情感，最终培养学生综合运用能力，提升英语学科素养。"拼·悦·读"校本课程的开发和实施，有助于完善校本课程体系，丰富学生的阅读资源，拓展阅读内容，促进小学与初、高中英语学习顺利衔接。

第六章 校本课程理论及定位

第一节 校本课程的含义

校本课程中的"校本"一词英文是 school-base，主要有三方面含义，即"以校为本""以学校为基础""学校本位"。

一、课程设计的主体

就课程设计的主体而言，开发者可以是学校，也可以是学校中的教师个人或教师群体，还可以是学校与专家和其他机构合作。

二、课程的范围

就涉及的课程范围而言，既可以是学校的部分课程，也可以是全部课程，还可以指单项课程与非定向课程（如校园环境设计、班级形象设计等）。就课程设计的形式而言，既可以是开发新的课程，又可以是选择或改编原有的课程。校本课程开发就是以校为本的课程设计。校本课程开发和课程设计是基于学校教育价值理念、学校特色和学校文化而开展的课程活动，其"出发点"和"落脚点"最终都应落在"学校"二字。

第二节 校本课程相关理论

一、课程基本原理（泰勒原理）

1934 年，泰勒出版了《成绩测验的编制》一书，从而确立了其"评价原理"。1949年，泰勒又出版了《课程与教学的基本原理》，由此确立起其"课程基本原理"，也被称为"泰勒原理"。"泰勒原理"被公认为课程开发原理最完美、最简洁、最清楚的阐述，进入了科学化课程开发理论发展的新的历史阶段。

泰勒出版的《课程与教学的基本原理》一书中指出，开发任何课程和教学计划都必须回答四个基本问题：第一，学校应该试图达到什么教育目标？（What educational purposes should the school seek to attain?）第二，提供什么教育体验最有可能达到这些目标？（What educational experiences can be provided that are likely to attain these purposes?）第三，怎样有效组织这些教育体验？（How can these educational experiences be effectively organized?）第四，我们如何确定这些目标正得以实现？（How can we determine whether these purposes are being attained?）这四个基本问题——确定教育目标、选择教育体验（学习经验）、组织教育体验、评价教育体验——构成了著名的"泰勒原理"。

二、校本课程开发理论

校本课程设计以学校为本位，以学生为中心，从学校实际出发考虑学校所需，切实关注学校真实效用。校本课程尊重学生个体以及情境的差异性，针对学生的个体差异和环境条件的多样化发挥积极作用。英语阅读校本课程开发要遵循主体性原则，以学生为中心；材料要有主题性和系统性，要有真实性和多样性，满足学生的多样化需求和个性化特点；所选的阅读材料难度要符合学生现有的认知水平；要注重校本课程开发设计的过程性。

第三节 国外关于英语阅读校本课程的现状研究

国外关于英文阅读校本课程的开发起步较早，且一般都有相关理论和国家政策的支持和指导，其研究主要包含以下几个方面。

一、校本课程开发模式的研究

校本课程开发，最早是由菲吕马克（Furumark A. M.）和麦克米伦（Mc. Mullen）两位学者于1973年提出的，其英文表述是"School-based Curriculum Development"或"Site-based Curriculum Development"，简称SBCD。英美等发达国家对课程开发的模式进行了深入的研究，这些研究为校本课程开发模式提供了理论依据。其中影响最大的有四种主要模式，它们分别是以美国课程理论专家泰勒为代表的"目标模式"、英国课程理论专家斯滕豪斯确立的"过程模式"、美国课程理论专家和生物学家施瓦布提出的"实践模式"以及英国教育学家斯基尔贝克提出的"情境模式"。

二、校本课程评价的研究

近年来国外对于英语阅读校本课程开发过程中的评价采用了科学的阅读素养测试方式。马世晔在《阅读素养和国家竞争力——国外阅读素养测试对我们的启示》中介绍，阅读素养测试已经逐渐成为国外学校评价学生阅读的重要指标。测试内容主要包括三个方面：理解过程、阅读目的、阅读行为和态度。理解过程和阅读目的是阅读素养测试的主要内容；阅读行为和态度的评价则主要通过调查问卷来进行。

第四节 国内关于英语阅读校本课程的现状研究

对于校本课程开发的研究，国内已经研究了较长时间，主要有以下几个层面的研究。

一、理论层面

《校本课程开发中的课程组织逻辑》一文中通过对课程组织进行界定以及对课程组织的原则和方式进行讨论，提出无论什么形式的校本课程组织，都需要参照学科自身的逻辑，同时也要考虑学习者认知特征、兴趣需要以及环境中课程资源的可能性。

二、课程实施方式

李臣之通过十年来我国校本课程开发的实践，提出了"为谁开发、谁来开发、怎样开发"这三个基本问题。在"谁来开发"这一问题上，他认为既要提升校长课程的领导力，也要强化教师的课程执行力。在"怎样开发"这一环节，他提出了"从三级、三类"到"转化生成"的校本课程组织实施体系。

在课程开发策略方面，肖林元借助课题研究提出了提升校本课程开发品质的对策：从基层学校的视角，应该进一步明晰校本课程的价值定位，强化校本课程建设的主体意识；从区级科研部门的视角，应该进一步推动校本课程的区域交流，促进校本课程建设的资源共享；从市级科研部门的视角，应该进一步深化校本课程的专题研究，加强校本课程建设的专业引领。

第五节 "拼·悦·读"校本课程定位

一、课程目标

笔者建设"拼·悦·读"校本课程，使用开发的"拼读·阅读"读本，基于"教—学—评"一体化的单元整体教学，培养学生的阅读素养；在单元主题统领下的语篇学习中，提升学生学科素养，落实立德树人的根本任务。

二、课程内容

一、二年级以自然拼读为英语启蒙课程，并结合字母和字母组合的自然拼读系列绘本等单元拓展阅读材料，弥补教材语音内容安排时间跨度大的问题，帮助学生掌握基本的拼读策略，提高学生的文本解码能力。

三、四年级开展基于单元主题的绘本阅读整合课程。在单元教学外，增加含有拓宽人文视野、丰富文化内涵，与单元话题相关的阅读文本，有序推进课内阅读指导和课外阅读活动，帮助学生通过阅读习得新的语言知识，渗透更广的文化意识，注重思维的发展训练，提高学生的阅读理解能力。

三、课程实施路径

在"拼·悦·读"校本课程的实施过程中，着重开展课内拼读与阅读教学活动的研究。以一个单元为一个整体进行教学，开设语音阅读课和主题阅读课两种课型，以对课程六要素进行整合的英语学习活动观下学习理解、应用实践、迁移创新三种层次的活动为教学路径，开展基于"教—学—评"一体化的单元整体教学，提高学生的阅读理解能力，提升学生的学科核心素养。

四、课程评价

"拼·悦·读"课内阅读拓展课程的有效开展，需要课程评价的反馈和跟进。课程的评价通过日常课堂表现记录和过程性评价相结合的方式来开展。

评价活动贯穿教与学始终，注重考查学习结束时学生对所学语言知识和文化知识的综合性运用、对主题意义的理解、对个人观点和态度有理有据的表达，体现正确的价值观，确保达成课程目标。

"拼·悦·读"校本课程目标与内容

第一节 "拼·悦·读"校本课程目标

一、"拼·悦·读"校本课程总目标

"拼·悦·读"校本课程总目标为提高学生的拼读能力,培养学生的阅读品格,基于英语学习活动观,提升学科核心素养,如图7-1所示。

图7-1 "拼·悦·读"校本课程总目标

二、"拼·悦·读"校本课程分年级目标

1. 一、二年级"拼·悦;读"课程目标

年级	拼读能力	阅读品格	学科核心素养
一、二年级	1. 掌握26个字母的发音规则； 2. Sight words 见词能读； 3. 能朗读简单的语音绘本和单元主题绘本	1. 能够初步体会到阅读的乐趣，能愉悦地听读或朗读读物； 2. 坚持英语绘本阅读	1. 能在语境中理解简单句的表意功能,围绕相关主题进行简单交流； 2. 通过绘本阅读，获取简单的中外文化信息； 3. 观察绘本图片获取信息，对比批判，能简单表达自己的喜恶； 4. 乐学善学，在活动中尝试与同伴合作完成任务

2. 三年级"拼·悦·读"课程目标

年级	拼读能力	阅读品格	学科核心素养
三年级	1. 能掌握26个字母和常见字母组合的名称音； 2. 能够连续地跟读或朗读，模仿句子的语音，同时自觉指读； 3. 能流利朗读语音分级绘本及单元主题绘本	1. 能在朗读或跟读时自觉指读，做到音、形匹配； 2. 能够初步体会到阅读的乐趣，愉悦地听读或朗读读物； 3. 在阅读中遇到困难能够大胆求助	1. 能借助图片读懂绘本故事，围绕相关主题运用所学语言进行交流,在书面表达中根据图片或语境仿写简单句子； 2. 通过绘本阅读，能初步观察、识别、比较中外文化； 3. 观察绘本图片获取信息，就语篇信息初步形成自己的想法和意见，对比批判，能简单表达自己的喜恶； 4. 乐学善学，在活动中尝试与同伴合作完成任务,在教师的帮助指导下适当调自己的学习策略

第二节　拼读校本课程内容

一、梳理人教版《英语》（一年级起点）一到三年级语音编排体系

册次	语音体系
一年级下	认识26个字母
二年级	26个字母本身音/单词中的发音，重点教学辅音字母的发音
三年级上	a、e、i、o、u 的短元音
三年级下	a-e、e-e、i-e、o-e、u-e 的长元音

二、确定一到三年级语音课程目标

年级	语音拼读能力	阅读品格
一、二年级	1. 掌握26个字母的发音规则； 2. Sight words 见词能读； 3. 能朗读简单的绘本故事书	1. 能够初步体会到阅读的乐趣，愉悦地听读或朗读读物； 2. 坚持英语绘本阅读
三年级	1. 能掌握26个字母和常见字母组合的名称音； 2. 能够连续地跟读或朗读，模仿句子的语音时自觉指读	1. 能在朗读或跟读时自觉指读，做到音、形匹配； 2. 能够初步体会到阅读的乐趣，愉悦地听读或朗读读物

三、确定"拼·悦·读"校本课程内容

厘定小学人教版《英语》（一年级起点）一到三年级的每个语音内容与单元主题，选取略高于学生现有知识水平的英语绘本进行拓展阅读。一、二年级以自然拼读为英语启蒙课程，并结合字母和字母组合的自然拼读系列绘本作为单元拓展阅读材料，弥补教材语音内容安排不系统且时间跨度大的问题；帮助学生掌握基本的拼读策略，提高学生的文本解码能力。

自然拼读	拼读绘本
字母 A、B	A、B 的拼读绘本
字母 C、D	C、D 的拼读绘本
字母 E、F	E、F 的拼读绘本

续表

自然拼读	拼读绘本
字母 G、H	G、H 的拼读绘本
字母 I、J	I、J 的拼读绘本
字母 K、L	K、L 的拼读绘本
字母 M、N	M、N 的拼读绘本
字母 O、P	O、P 的拼读绘本
字母 Q、R	Q、R 的拼读绘本
字母 S、T	S、T 的拼读绘本
字母 U、V	U、V 的拼读绘本
字母 W、X	W、X 的拼读绘本
字母 Y、Z	Y、Z 的拼读绘本
字母组合 ai、ar、all	ai、ar、all 的拼读绘本
字母组合 ee、ea	ee、ea 的拼读绘本
字母组合 er、or、ur	er、or、ur 的拼读绘本
字母组合 oa、ou	oa、ou 的拼读绘本
字母组合 oo	oo 的拼读绘本
字母组合 th	th 的拼读绘本
字母组合 tr、dr	tr、dr 的拼读绘本
字母组合 ch、sh	ch、sh 的拼读绘本
字母组合 wh、sp	wh、sp 的拼读绘本
字母组合 ck、ng	ck、ng 的拼读绘本
字母组合 ph	ph 的拼读绘本
短元音 a	短元音 a 的拼读绘本
短元音 e	短元音 e 的拼读绘本
短元音 i	短元音 i 的拼读绘本
短元音 o	短元音 o 的拼读绘本
短元音 u	短元音 u 的拼读绘本
短元音复习	短元音复习绘本
长元音 a-e	长元音 a-e 的拼读绘本
长元音 e-e	长元音 e-e 的拼读绘本
长元音 i-e	长元音 i-e 的拼读绘本
长元音 o-e	长元音 o-e 的拼读绘本
长元音 u-e	长元音 u-e 的拼读绘本
长元音复习	长元音复习绘本

第三节 阅读校本课程内容

一、确定一到三年级阅读课程目标

1. 一、二年级"拼·悦·读"阅读课程目标

年级	阅读品格	学科核心素养
一、二年级	1. 能够初步体会到阅读的乐趣，愉悦地听读或朗读读物。 2. 坚持英语绘本阅读	1. 能在语境中理解简单句的表意功能。围绕相关主题，进行简单交流。 2. 通过绘本阅读，获取简单的中外文化信息。 3. 观察绘本图片获取信息；对比批评，能简单表达自己的喜恶。乐学善学，在活动中尝试合作完成任务

2. 三年级"拼·悦·读"阅读课程目标

年级	阅读品格	学科核心素养
三年级	1. 能在朗读或跟读时自觉指读，做到音、形匹配。 2. 能够初步体会到阅读的乐趣，愉悦地听读或朗读读物。 3. 在阅读中遇到困难能够大胆求助	1. 能借助图片读懂绘本故事；围绕相关主题，运用所学语言进行交流；在书面表达中，根据图片或语境，仿写简单句子。 2. 通过绘本阅读，能初步观察、识别、比较中文外文化。 3. 观察绘本图片获取信息；就语篇信息初步形成自己的想法和意见；对比批判，能简单表达自己的喜恶。 4. 乐学善学，在活动中尝试与同伴合作完成任务；在教师的帮助指导下，适当调自己的学习策略

二、基于单元主题意义探究，选取相关的英语绘本作为阅读材料的补充

在三年级开展基于单元主题的绘本阅读整合课程。在单元教学外，增加含有拓宽人文视野、丰富文化内涵，与单元话题相关的阅读文本，以有序推进课内阅读指导和课外阅读活动。帮助学生通过阅读习得新的语言知识，渗透更广的文化意识，注重思维的发展训练，提高学生的阅读理解能力。

1. 一年级阅读校本课程内容编排

单元话题	主题意义	主题绘本
一上 Unit 1 School	认识学校，热爱学校	School
一上 Unit 2 Face	认识自己的五官，爱护自己，关爱他人	The robots
一上 Unit 3 Animals	认识动物多样性，爱护动物，保护动物	The see-saw
一上 Unit 4 Numbers	正确认识数字，爱护动物，乐于分享	Numbers
一上 Unit 5 Colour	认识颜色，感受生活中常见的颜色	Color bears
一上 Unit 6 Fruit	认识水果，健康生活	Fruit salad
一下 Unit 1 My classroom	认识学校的教室、与教室相关的词汇，学习摆放物品的指令，方位词	Where is spot?
一下 Unit 2 My room	认识房间物品，了解物品方位，学会收拾房间，保持房间整洁	Where is spot?
一下 Unit 3 Toys	认识玩具的多样性，爱护并懂得收拾玩具，乐于分享玩具	Playing together
一下 Unit 4 Food	了解食物的单词，能表达自己想要什么食物并懂得珍惜食物，合理饮食	The very hungry caterpillar
一下 Unit 5 Drink	了解饮料单词，谈论健康的生活方式	I want a drink
一下 Unit 6 Clothes	了解衣物单词，美人之美、自立自信	Clothes for Chris

2. 二年级阅读校本课程内容编排

单元话题	主题意义	主题绘本
二上 Unit 1 My family	了解家庭成员单词，家人间相亲相爱	My family
二上 Unit 2 Boys and girls	谈论朋友的名字，懂得与人友好相处	My friends
二上 Unit 3 My friend	描述朋友并学会包容，能交好朋友	Tortoise and his friends
二上 Unit 4 In the community	谈论活动，学会合理规划	City places
二上 Unit 5 In the park	认识环境场所，热爱自己所居住的社区	The nature park
二上 Unit 6 Happy holidays	理解节日的意义，懂得表达祝福	Christmas
二下 Unit 1 Playtime	谈论课余活动，合理安排时间	Things I can do
二下 Unit 2 Weather	谈论天气，根据天气安排活动	The weather
二下 Unit3 Season	了解四季及相应的天气，安排活动	Seasons
二下 Unit 4 Time	谈论时间，珍惜时间	What time is it?
二下 Unit 5 My day	正确询问时间、星期并会回答，培养时间观念	A happy day
二下 Unit 6 My week	认识星期，根据天气合理安排活动，正确处理每天的情绪	At school

3. 三年级阅读校本课程内容编排

三上 Unit 1 Myself	自我介绍与互相介绍，与人友好相处	Friends around the world
三上 Unit 2 My body	正确认识自己的身体，关心自己，爱护他人	What's the matter?
三上 Unit 3 Food	谈论食物喜欢，健康饮食，珍惜粮食	What do you want?
三上 Unit 4 Pets	了解宠物，了解小动物，培养学生的爱心，使学生更加关爱小动物	I want a pet
三上 Unit 5 Clothes	认识服装，正确选择服装，合理制定计划	Pete the cat
三上 Unit 6 Birthdays	正确认识月份，关心自己和他人的生日，互相关怀	Birthday party
三下 Unit 1 School subjects	谈论学科及功能，热爱学科，不偏科	Zob at school
三下 Unit 2 My school	谈论学校场所及功能，热爱学校生活	My new school
三下 Unit 3 After school activities	谈论课后活动，丰富课余活动，合理安排	After school
三下 Unit 4 My family	介绍自己的家人，了解其他人和动物的家庭，丰富对家庭的认识	My family
三下 Unit 5 Family activities	谈论家庭活动，分担家务，相互帮助	Family picnic
三下 Unit 6 My home	认识家庭场所及功能，关心家人，互相关怀	Homes

第四节 "拼·悦·读"校本课程体系

在厘清人教版（新起点）一到三年级拼读内容和单元主题后，编排"拼·悦·读"校本课程体系。

	年段	设计思路	课程选择	课 型
"拼·悦·读"校本课程体系	一、二年级	Letter shape；Letter sound；（单音）26个字母音的绘本	攀登英语；根据单元主题选取相应的主题绘本	Reading for phonic；Phonic for reading
	三、四年级	Letters and sounds；Let's spell；简要绘本	相应字母组合发音的绘本；根据单元主题选取相应的主题绘本	Phonic for reading；Reading for meaning

笔者根据"拼·悦·读"校本课程建设读本,以开发的语音读本和单元主题读本为教学内容,通过微信公众号"跟 Ms Cai 一起拼悦读"推送,为一线教师提供了丰富的备课资源,同时也方便学生自主学习。

部分语音读本及单元主题读本教学案例

第八章 "拼·悦·读"校本课程实施路径

第一节 "拼·悦·读"校本课程教学模式：基于"教—学—评"一体化的 1+2+3 模式

在"拼·悦·读"校本课程的实施过程中，形成"拼·悦·读"校本课程教学模型：基于"教—学—评"一体化的 1+2+3 模式。把单元作为 1 个整体进行教学，开展语音阅读课和主题阅读课 2 种课型，通过课程六要素整合的英语学习活动观的学习理解、应用实践、迁移创新 3 种层次的活动作为教学路径，开展基于"教—学—评"一体化的单元整体教学，提高学生的阅读理解能力，提升学生的学科核心素养。

一、以单元为 1 个整体进行教学

北京师范大学外文学院教授王蔷对单元整体教学内涵的定义是教师基于课程标准，围绕特定主题，对教材等教学资源进行深入解读、分析、整合和重组后，结合学习主体的需求，搭建起的一个由单元大主题统领、各语篇次主题相互关联、逻辑清晰的完整教学单元。在"拼·悦·读"校本课程中，单元整体教学是指英语教师结合《义务教育英语课程标准》对英语教学的目标要求，基于对教材分析和学习者学习需求的分析，以主题为核心，以单元为备课的基本单位，围绕教学目标、教学内容、教学过程和教学评价四个方面，对教材教学单元进行整体预设的过程。

1. 教学目标

教师要研读和梳理整册教材的编排特点，整理出单元间、教学板块间的逻辑关联和进阶特点，对教学资源进行深入解读、分析和整合，深度探究教材文本关联以及育人价值，探究单元主题，在单元主题意义的统领下，制定单元整体目标。

2. 教学内容

确定单元整体目标后，教师要进行语篇研读，确定每个课时的子主题与教学目标。语篇研读是一切教学活动的逻辑起点。教师在研读语篇时要重点回答三个基本问题。

（1）语篇的主题和内容是什么，即 What 的问题。

（2）语篇传递的意义是什么，即 Why 的问题。不论口语语篇还是书面语篇都有其特定的交际目的或传递的主题意义，也就是作者或说话人的意图、情感态度或价值取向等。

（3）语篇具有什么样的文体特征、内容结构和语言特点，如果语篇配有图片或表格，其传递何种意义或具有何种功能，即 How 的问题。

对口语语篇的研读不仅要关注其呈现形式，还要关注其语境的正式程度、语言表达方式及功能等，如语篇是以对话还是独白、访谈、指令等方式呈现的。如果是对话，则要关注对话场合的正式程度和说话人的身份，其语言表达方式是随意、直接、客气还是委婉，说话人使用了什么样的交际策略等。对语篇中配图的分析，教师要关注图片中人物或动物的行为、表情、心理状态、色彩搭配，以及场景布局等传递的意义，这些也是构成语篇主题意义的必要成分。教师要认识到关于 Why 和 How 的问题，受教育背景、生活阅历、认知方式等的影响，一般没有唯一答案，要注重与其他教师交流研讨，相互学习。

3. 教学过程

英语课程内容由主题、语篇、语言知识、文化知识、语言技能和学习策略等要素构成。围绕这些要素，通过学习理解、应用实践、迁移创新等活动，推动学生核心素养在义务教育全程中持续发展。教师要秉持英语学习活动观组织和实施教学。课程六要素整合的英语学习活动观是开展单元整体教学、落实核心素养目标的途径，研究英语学习活动观的层次和各层次维度的内涵，聚焦目标体系设计教学活动，让教学活动的设计能真正符合学生的认知规律，通过完成课堂教学活动，提升核心素养。

4. 教学评价

评价活动要贯穿教与学始终，注重考查学习结束时学生对所学语言知识和文化知识的综合性运用、对主题意义的理解、对个人观点和态度有理有据的表达，体现正确的价值观，确保达成课程目标。

二、2种课型

在实施单元整体教学的过程中，通过"语音绘本阅读课"和"主题绘本阅读课"这 2 种课型进行课内拓展阅读。通过音素、拼读提高学生的文本解码能力，使学生乐于参加英语阅读。选取与教材单元主题相关的绘本，在语境中强调语用功能，通过语言内容、活动培养学生的思维和情感策略，渗透文化，提升阅读情感，最终培养学生综合运用能力，提升英语学科素养，从"拼读"到"悦读"。

三、以课程六要素整合的英语学习活动观的 3 种层次活动为实施路径

将课程六要素整合的英语学习活动观的学习理解、应用实践、迁移创新 3 种层次的活动作为"语音绘本阅读课"和"主题绘本阅读课"教学路径，提高学生的阅读理解能力，提升学生的学科核心素养。

（1）对于学习理解类活动，教师要把握感知与注意、获取与梳理、概括与整合等基于语篇的学习活动的要求。教师通过感知与注意活动创设主题情境，激活学生已有知识经验，铺垫必要的语言和文化背景知识，明确要解决的问题，使学生在已有知识经验和学习主题之间建立关联，发现认知差距，形成学习期待。在此基础上，教师以解决问题为目的，引导学生通过获取与梳理、概括与整合等活动，学习和运用语言知识、语言技能，从语篇中获得与主题相关的文化知识，建立信息间的关联，形成新的知识结构，感知并理解语言所表达的意义。

（2）对于应用实践类活动，教师要把握描述与阐释、分析与判断、内化与运用等深入语篇的学习活动的要求。在学习理解类活动的基础上，引导学生基于所形成的结构化知识开展描述、阐释、分析、应用等多种有意义的语

言实践活动，内化语言知识和文化知识，加深对文化意涵的理解，巩固结构化知识，促进知识向能力的转化。从学习理解类活动到应用实践类活动的进阶既可以一次完成，也可以多次循环完成。

（3）对于迁移创新活动，教师要把握推理与论证、批判与评价、想象与创造等超越语篇的学习活动的要求，引导学生针对语篇背后的价值取向开展推理与论证活动，学会赏析语篇的文体特征，把握语篇的结构，发现语言表达的手段和特点，并通过分析和思辨，评价作者或主人公的观点和行为，加深对主题意义的理解，进而运用所学知识技能、方法策略和思想观念，多角度认识和理解世界，创造性地解决新情境中的问题，理性表达情感、态度和观点，促进能力向素养的转化。

四、"教—学—评"一体化的教学模式

探究一体化的策略，构建一体化的体系，"评"主要发挥监控教与学过程和效果的作用，为促教和促学提供参考和依据，看看学生理解了没有，会不会表达，会不会用所学去解决相类似的情景中的问题，以评促学，以评促教，帮助学生达成预设的教学目标。

评价的途径有以下几点：一是课堂内教学环节中嵌入式的评价。在学习活动的过程中，即学即用，学以致用，设计基于所学的理解、表达和应用类活动。二是课后作业评价，作业也是评价的一个途径，这就要求老师对作业的设计有精心的思考，要考虑评价的内容、表达形式以及评价的方式。内容要依据所教和所学，表达形式是书面还是口头，评价的维度是什么，评价方式是等级、具体分数，还是评语等，评价还要注意持续性和连贯性，并进行阶段性的小结评价，最终由这种过程性的评价形成终结性的评价。

第二节 "拼·悦·读"校本课程教学案例及评析

为了更好地阐释基于"教—学—评"一体化的 1+2+3 模式的"拼·悦·读"校本课程教学模式，本节将结合 Phonic for reading、Reading for meaning 的课型，通过具体的教学案例，将"拼读绘本课"和"主题绘本阅读"课的教学方法向老师们展示，便于实践。

一、"拼读绘本课"教学案例及评析

教学案例1　人教版（新起点）一年级上册 Unit 3 Animals

1. 单元课时教材、学生、语篇分析及教学目标

课时	第2课时：Let's spell	时间	40 minutes
主题	How to solve the problem	课型	Phonics
内容	Let's spell：A. Listen, point and repeat. aa—/æ/		
绘本来源	攀登英语阅读系列 有趣的字母 *Frank the rat*		
教材分析	语音课在一、二年级的教材中有所渗透，重点围绕26个大、小写字母，从书写到整体的字母自然拼读的感知都是重点难点，也为后面的丰富话题学习奠定基础。在本单元中，语音虽然无语音字母要求，但在小学阶段，语音课是重点之一，要求学生重点掌握元音字母a、e、i、o、u与辅音字母相结合的组合发音。根据本单元词汇 cat，提取出拓展的语音 Aa—/æ/知识渗透，通过学习元音与辅音相结合的发音规律和绘本故事，锻炼学生自主拼读单词能力和对字母拼读法有一定的感知		
文本分析	What（主题意义和主要内容）：故事描述了顽皮的小老鼠 Frank 找香肠，不小心找到猫的门前来，体现出小动物也有敌友之分的主题意义。 Why（探索意图）：作者通过小老鼠找香肠的故事引发读者的思考，小老鼠为什么跑来跑去，它到底在寻找什么呢？ How（文本结构和语言修辞）：文本为记叙文，用第三人称单数叙述了小老鼠找食物的故事，含有"Aa—/æ/"的语音单词		
学生分析	学生在幼儿园的学习积累过程中对于动物单词有一定了解，对于小老鼠和猫的故事，类似 Tom 猫和 Jerry 鼠的故事，都是学生非常喜闻乐见的题材。结合学生的兴趣所在，在学习完本单元后，学生能够正确地发出 Aa—/æ/的发音且读出含有此发音的单词。同时学生能够运用所学的 Aa—/æ/的发音去读更多含有此发音的单词并自主探索出其发音规律，并运用其去读含有 Aa—/æ/的绘本故事		
教学目标	1. 学生能够掌握字母组合 Aa—/æ/的发音规则； 2. 能运用 Aa—/æ/的拼读规则去读故事； 3. 培养学生的观察能力、故事预测能力和想象力		

续表

重点	能够拼读带有 Aa—/æ/发音的单词，掌握其发音规则
难点	能运用 Aa—/æ/的拼读规则去读故事、理解、阅读故事
教学策略	情景交际法、合作学习
学习策略	1. 多进行原音输入，多听多读多模仿； 2. 进行拼读绘本故事，进行整体的语音和语篇的培养
教学帮助	PPT，投影，拼读日历

2. 教学流程图

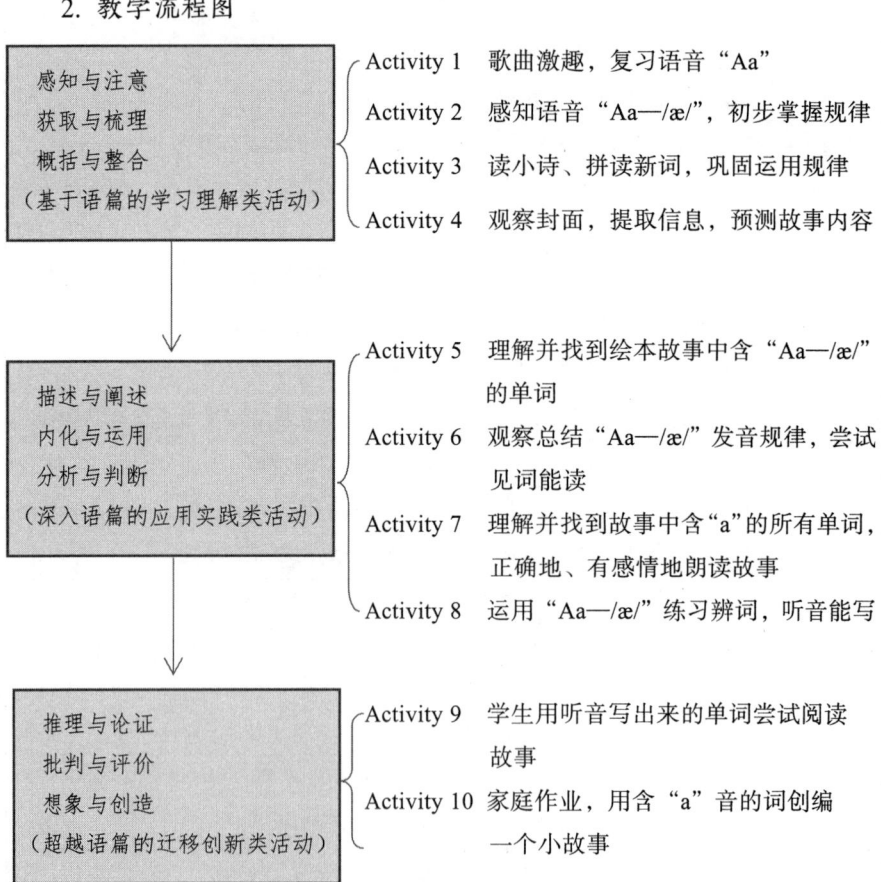

3. 教学活动设计及评析

教学环节/目标		师生活动	设计意图	活动层次	评价效果
	Activity 1：Warm up 学生能够掌握字母 Aa—/æ/的发音	1. Greeting. T：Hello, boys and girls. Nice to see you. How are you today? What's this? It's a cat. 2. Sing a song. Teacher shows the video of the letter "Aa—/æ/", and let students sing together	1. 通过打招呼拉近师生距离； 2. 引出字母 Aa，帮助学生复习字母 Aa—/æ/的发音，为接下来引入 Aa 的发音做准备； 3. 提升学生的学习兴趣，吸引学生的注意力		复习了字母 Aa—/æ/发音，通过歌曲吸引学生的注意力
Pre-reading	Activity 2：学生能够根据封面，提取信息，猜测故事主要内容，激发学生对语音绘本故事的兴趣	1. Look and guess. Guess: What is it? Guess the animal according to the cover. 2. Read the cover. What's the rat's name?（仔细观察，这只小老鼠叫什么名字？） It's Frank. "小老鼠，上灯台。偷油吃，下不来。喵喵喵，猫来了，叽里咕噜滚下来。"……小时候我们听过小老鼠偷油吃的歌曲故事，那这次 Frank 是怎么样的故事？ A. 它背着的是什么？想象一下，这是一个怎么样的故事？ B. 读完此故事，试着把 Frank 的路线图画出来吧	1. 通过问答形式提取故事封面信息； 2. 猜测故事情节，激发学生对绘本故事的兴趣和想象力； 3. 运用所学发音配合肢体动作掌握 Aa—/æ/的发音规律，并拼读单词 Frank 和 rat（探索语音规律，迁移应用，见词能读）； 4. 在学习了 Aa—/æ/发音后，让学生自主探索字母组合 Aa 的发音，培养学生自主探索的学习能力	学习理解，应用实践	通过名字的首字母发音，让学生自主掌握 Aa—/æ/的发音； 学生可以能够独立观察封面，提取文字信息，猜测故事内容

续表

教学环节/目标		师生活动	设计意图	活动层次	评价效果
While-reading	Activity 3：学生能够理解并找到绘本故事中含"Aa—/æ/"音的单词并尝试拼读，并以游戏进行巩固	善观察：仔细看看，房间里有什么东西？What can you see in the room?（说出你所看见的物品，尤其是含有 Aa /æ/ 发音的物品单词） (1) I can see a bag, a hat, a pan, a bat, an apple … Guide Ss to try to read the words with the sound of Aa—/æ/. (2) Play the flash card game to consolidate the new words	通过观察图片，培养学生的观察能力和预测能力	学习理解，应用实践	学生通过拼读绘本故事，巩固 Aa—/æ/ 的发音，并运用 Aa—/æ/ 的发音去读更多的故事，提升英语阅读能力和知识的迁移创新能力
	Activity 4：学生能够通过观察图片，预测对故事的理解，猜测故事情节，并在语境中运用重点句型及 Aa—/æ/ 的发音规则	图片环游：Picture tour（发挥你的推测能力和观察能力） (1) What's this? It's a…（猜猜最右边蓝色的东西是什么） A bag! Frank the rat is in a bag. (2) What's this? It's a….（猜猜右上角黑色的东西是什么） A hat! Frank is in a hat.	图片环游了解故事大意；学生自主阅读，找出带有"Aa—/æ/"音的单词尝试朗读；小组合作学习，互补长短		

续表

教学环节/目标		师生活动	设计意图	活动层次	评价效果
While-reading		(3) What's this? It's a....（猜猜右下角黑色的东西是什么） A pan! Frank is in a pan. (4) What's this? It's a ....（猜猜最右边的红色是什么） An apple! Frank is on an apple. (5) What's this? It's a ....（猜猜右下方黑色是什么） A bat! Frank is on a bat. Look! Frank was happy, but now he is scared. What happened? Frank 突然惊慌失措，猜猜发生什么事了？ Oh, a cat! Frank is on a cat!			
	Activity5： 学生能够理解并找到故事中含"Aa—/æ/"的所有单词，正确地、有感情地朗读故事	Read the story together. Let students read the story page by page, and then let them read the story together. Read the story by yourself. Draw out the route map. 现在你可以画出 Frank 路线图了吗？	通过精读故事，加强了对故事的理解，并让学生了解动物的敌友关系并体会故事的趣味所在	学习理解，应用实践	

续表

教学环节/目标		师生活动	设计意图	活动层次	评价效果
Post-reading	Activity 6: 学生能够运用"Aa—/æ/"练习辨词、听音能写	1. Blending. Teacher shows a video and tell students how to blend the words with calendar, and give students a few minutes to practice in group. 2. Listen and circle. Teacher shows the chant, and let students underline the words with Aa—/æ/, circle the words. 3. Practice. Let students open their books, do the practice B listen and number, and practice C listen write and say	1. 学生小组合作,通过翻自然拼读字母日历,用其他辅音字母与 Aa—/æ/结合,运用所学发音规律和拼读规律,拼读具有实际意义的单词。自己在小组内尝试练习拼读,培养合作能力和整合运用的能力。 2. 学生通过听 chant,找出含有 Aa—/æ/的单词,通过听和观察的结合,进一步感知 Aa—/æ/的发音。 3. 听与写相结合,对发音进行巩固	实践应用	学生通过不同的练习活动,巩固 Aa—/æ/的发音,并运用 Aa—/æ/的发音去读更多有实际意义的单词。在学习完 Aa—/æ/的发音后,通过完成书上的听写练习,检验学习成果,培养见词能读、听音能写的能力
	Activity 7: 学生用拼读出来的单词尝试创编故事	Extension: Continue writing the story with the words with the sound of "Aa—/æ/"		迁移创新	
Summary and homework		1. Summary. Blend the words together. 2. Homework. A. Read the story to your parents. B. Make a story with the sound of "Aa—/æ/"	总结今天所学的内容并布置练习进行巩固		

4. 板书设计

> Unit 3 Animals (*Frank the rat*)
> What's this?   It's a …
> a bag, a hat, a pan, a bat, an apple

5. 教学亮点

（1）通过老师英文名字首字母的发音引入 Aa—/æ/的组合发音，设计真实有趣，吸引学生的注意力。

（2）通过肢体动作配合拼读单词，提高了学生学习的趣味性，激发学生的学习兴趣。

（3）通过小组共同翻日历拼读新单词，让学生动手进行小组合作，拼出有实际意义的单词，将所学的内容应用于实践，巩固。

（4）除了进行语音教学，还运用拼读绘本，让学生通过已学习的发音规则，自主阅读绘本，帮助学生巩固语音的同时也能提升阅读能力。

6. 教学反思

（1）配合肢体动作来进行语音的训练，提高了学生学习的趣味性。

（2）可以让学生课后找出更多带 Aa—/æ/发音规律的单词。

教学案例 2　人教版（新起点）一年级下册 Unit 3 Toys

1. 单元课时教材、学生、语篇分析及教学目标

课时	第 2 课时：Let's spell	时间	40 minutes
主题	How to behave probably	课型	Phonics
内容	Let's spell：A. Listen, point and repeat. Ee—/e/		
绘本来源	攀登英语绘本阅读系列　有趣的字母 *Red Ben*		
教材分析	语音课在一、二年级的教材中有所渗透，重点围绕26个大、小写字母，从书写到整体的字母自然拼读的感知，都是重点、难点，也为后面的丰富话题学习奠定基础。在本单元中，语音虽然无语音字母要求，但在小学阶段，语音课是重点之一，要求学生重点掌握元音字母 a、e、i、o、u 与辅音字母相结合的组合发音。根据整本书的语音规划，且本单元玩具与颜色主题也是相关的，所以本单元本课时设计了语音字母 Ee—/e/的知识渗透，通过学习元音与辅音相结合的发音规律和绘本故事，锻炼学生自主拼读单词能力，对字母拼读法形成一定的感知		
文本分析	What（主题意义和主要内容）：故事描述了顽皮的 Ben 喜欢红色（red），并给很多东西都涂上红色，体现出 Ben 对待身边的小玩具和东西有自己的特殊追求的主题意义。 Why（探索意图）：作者通过 Ben 给身边的各种玩具、动物、水果等涂成红色，引发读者的思考：Ben 这样做适合吗，被涂色的玩具、动物、水果等会喜欢吗？		

续表

文本分析	How（文本结构和语言修辞）：文本为记叙文，用第三人称单数叙述了 Ben 涂色的故事，含有 "Ee—/e/" 的语音单词
学生分析	学生已有一定的英语知识储备，对于小淘气 Ben 爱给东西乱涂色，这与大部分一年级小朋友的爱好和性格都有一定的相似性，所以此故事必是学生非常喜闻乐见的题材。结合学生的兴趣所在，在学习完本单元后，学生能够正确地发出 Ee—/e/的发音且读出含有此发音的单词。同时学生能够运用所学的 Ee—/e/的发音去读更多含有此发音的单词并自主探索出其发音规律，并运用其去读与含有 Ee—/e/的绘本故事
教学目标	1. 学生能够掌握字母组合 Ee—/e/的发音规则。 2. 能运用 Ee—/e/的拼读规则去读故事。 3. 培养学生的观察能力和故事预测和想象力
重点	能够拼读带有 Ee—/e/发音的单词，掌握其发音规则
难点	能运用 Ee—/e/的拼读规则去读故事、理解、阅读故事
教学策略	情景交际法、合作学习
学习策略	1. 多进行原音输入，多听多读多模仿。 2. 进行拼读绘本故事，进行整体的语音和语篇的培养
教学帮助	PPT，投影，拼读日历

2. 教学流程图

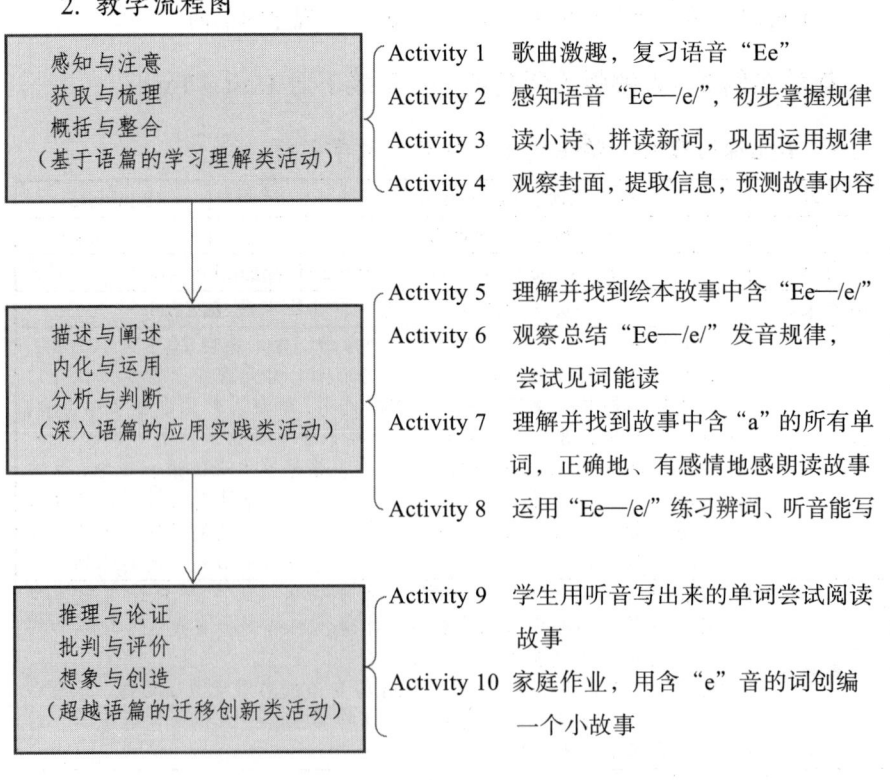

3. 教学活动设计及评析

教学环节/目标		师生活动	设计意图	活动层次	评价效果
Pre-reading	Activity 1：Warm up 学生能够掌握字母Ee—/e/的发音	1. Greeting. Ts: Hello, boys and girl. Nice to see you. How are you today? What's this? It's a toy plane. What color is it? It's red. "Ee—/e/" 2. Sing a song. Teacher shows the video of the letter "Ee—/e/", and let students sing together	1. 通过打招呼拉近师生距离。2. 引出字母Ee，帮助学生复习字母"Ee—/e/"的发音，为接下来引入Ee的发音做准备。3. 提升学生的学习兴趣，吸引学生的注意力	学习理解，应用实践	复习了字母"Ee—/e/"的发音，通过歌曲吸引学生的注意力
	Activity2：学生能够根据封面，提取信息，猜测故事主要内容，激发学生对语音绘本故事的兴趣	1. Look and guess. Guess: What color is it? It's red. Look at the boy, what's his name? He is Ben. He likes the color red. Get the basic information from the cover. 2. Read the cover. A. What is Ben doing? He is painting. B. What is he painting? 想象一下，这是一个怎么样的故事？	1. 通过问答形式提取故事封面信息。2. 猜测故事情节，激发学生对绘本故事的兴趣和想象力。3. 运用所学发音配合肢体动作掌握Ee—/e/的发音规律，并拼读单词red和Ben。4. 在学习了Ee—/e/发音后，让学生自主探索字母组合Ee的发音，培养学生自主探索的学习能力		通过名字的首字母发音，让学生自主掌握Ee—/e/的发音 学生能够独立观察封面，提取文字信息，猜测故事内容
While-reading	Activity 3：学生能够理解并找到绘本故事中含"Ee—/e/"音的单词并尝试拼读，并以游戏进行巩固	Read and guess. What does Ben paint red? 善观察：仔细看看，Ben把什么涂成了红色呢？ 思考有哪些词含有Ee—/e/，并尝试读出来	通过观察图片，培养学生的观察能力和预测能力		学生通过拼读绘本故事，巩固Ee—/e/的发音，并运用Ee—/e/的发音去读更多的故事，提升英语阅读能力和知识的迁移创新能力

续表

教学环节/目标	师生活动	设计意图	活动层次	评价效果
Activity 4：学生能够通过观察图片，预测对故事的理解，猜测故事情节，并在语境中运用重点句型及 Ee—/e/ 的发音规则	Picture tour. Have a picture tour to grasp the main idea of the story. (1) Think：Does the elephant like red? 想一想，大象喜欢红色吗？ (2)看图想一想：鸡蛋，茄子，柠檬和母鸡喜欢红色吗？ (3) Guess：Who likes red? 猜一猜，谁喜欢红色呢？ (4) Let's say：What are they? 我们一起说说：他们是什么呢？ The Sun（太阳），Apple（苹果），Firecracker（鞭炮），Sugar-coated haws（冰糖葫芦），Carrot（胡萝卜），Strawberry（草莓），Fire（火），Tomato（西红柿），Flower（花朵），Lantern（灯笼） 哇！有这么多哦！你说出了多少个呢？	图片环游，了解故事大意。 学生自主阅读，找出带有"Ee—/e/"音的单词尝试朗读。 小组合作学习，互补长短		
Activity 5：学生能够理解并找到故事中含"Aa—/æ/"的所有单词，正确地、有感情地朗读故事	Read the story together. (1) Let students read the story page by page, and then let them read the story together. (2) Read the story by yourself	通过精读故事，加强了对故事的理解，并让学生了解真正合适红色的东西有什么，体会故事的趣味所在	应用实践	

续表

教学环节/目标	师生活动	设计意图	活动层次	评价效果
Post-reading	Activity 6: 学生能够运用 "Ee—/e/" 练习辨词、听音能写	Blending (1) Teacher shows a video and tell students how to blend the words with calendar, and give students a few minutes to practice in group. (2) Listen and circle. Teacher shows the chant, and let students underline the words with Ee—/e/, circle the words. (3) Practice. Let students open their books, do the practice B listen and number, and practice C listen write and say	1. 学生小组合作，通过翻自然拼读字母日历，用其他辅音字母与Ee—/e/的结合，运用所学发音规律和拼读规律，拼读具有实际意义的单词。自己在小组内尝试练习拼读。培养学生的合作能力和整合运用的能力。 2. 学生通过听chant，找出含有Ee—/e/的单词，通过听和观察的结合，进一步感知Ee—/e/的发音。 3. 听与写相结合，对发音进行巩固	应用实践	学生通过不同的练习活动，巩固Ee—/e/的发音，并运用Ee—/e/的发音去读更多有实际意义的单词
	Activity 7: 学生用拼读出来的单词尝试创编故事	Extension Continue writing the story with the words with the sound of "Ee—/e/"		迁移创新	在学习完Ee—/e/的发音后，通过完成书上的听写练习，检验学生的学习成果，培养学生见词能读、听音能写的能力
Summary and homework		1. Summary. Blend the words together. 2. Homework. A. Read the story to your parents. B. Make a story with the sound of "Ee—/e/"	总结本节课所学的内容并布置练习进行巩固		

4. 板书设计

```
              Unit3 Toys (Red Ben)
Who likes red?   It's…        Ben paints eggs red.
Ben paints eggplants red.     Ben paints lemons red.
Ben paints the hen red.       Ben paints the elephant red.
```

5. 教学亮点

(1) 通过语音绘本故事封面的小男孩 Ben 的发音引入 Ee—/e/的组合发音，设计真实有趣，吸引学生的注意力。

(2) 通过肢体动作配合拼读单词，提高了学生学习的趣味性，激发学生的学习兴趣。

(3) 通过小组共同翻日历拼读新单词，让学生动手进行小组合作，拼出有实际意义的单词，将所学的内容应用于实践，巩固。

(4) 除了进行语音教学，还运用拼读绘本，让学生通过已学习的发音规则，自主阅读绘本，帮助学生巩固语音的同时也提升阅读能力。

6. 教学反思

(1) 配合肢体动作来进行语音的训练，增强了学习的趣味性。

(2) 可以让学生课后找出更多带 Ee—/e//发音规律的单词。

教学案例3 人教版(新起点)二年级上册 Unit 6 Happy holidays

1. 单元课时教材、学生、语篇分析及教学目标

课时	第5课时：Let's spell	时间	40 minutes
主题	Good behavior	课型	Phonics
内容	Let's spell： A. Listen, point and repeat. B. Listen and read.　　Phonics-v, w, x, y, z		
绘本来源	Red cat reading.com V		
教材分析	语音课在一、二年级的教材中就有所渗透，在二年级的教材中我们已经学习了前面21个英文字母的常规发音。本单元是 v、w、x、y、z 字母的拼读规律的发音，通过学习发音规律和绘本故事学习，锻炼学生自主拼读单词能力		
文本分析	What（主要内容）：故事分为5个小故事，是关于 Vet、Wes、Fox、Yax 和 Zed 的故事。 Why（写作意图）：故事1 "兽医救蝙蝠"；故事2 "骄傲使人落后"；故事3 "一起想办法，和谐相处"；故事4 "分享是快乐"；故事5 "坚持就是胜利"。 How（文本结构和语言修辞）：用简单的语句组成的5个小故事，含有 "v、w、x、y、z" 语音的单词。		

续表

学生分析	学生在一、二年级已掌握了 26 个英文字母的常规发音，且在前三个单元中已学习并掌握了元音字母与辅音字母相结合的发音规律。在学习完本单元后，学生能够正确地发出 ot、ox 的发音且读出含有 ot、ox 的单词。同时，学生能够运用所学的 ot、ox 的发音去读更多含有 ot、ox 的单词并自主探索出 og 的发音规律，并运用其去读含有 ot、ox、og 的绘本故事
教学目标	1. 学生能够掌握字母组合 v、w、x、y、z 的发音规则。 2. 能运用 v、w、x、y、z 的拼读规则去读故事。 3. 渗透德育
重点	能够拼读带有 v、w、x、y、z 发音的单词，掌握 v、w、x、y、z 的发音规则
难点	能运用 v、w、x、y、z 的拼读规则去读故事、创编故事
教学策略	情景交际法，合作学习
学习策略	1. 多进行原音输入，多听多读多模仿。 2. 进行拼读绘本故事，进行整体的语音和语篇的培养
教学帮助	PPT，投影，拼读卡

2. 教学流程图

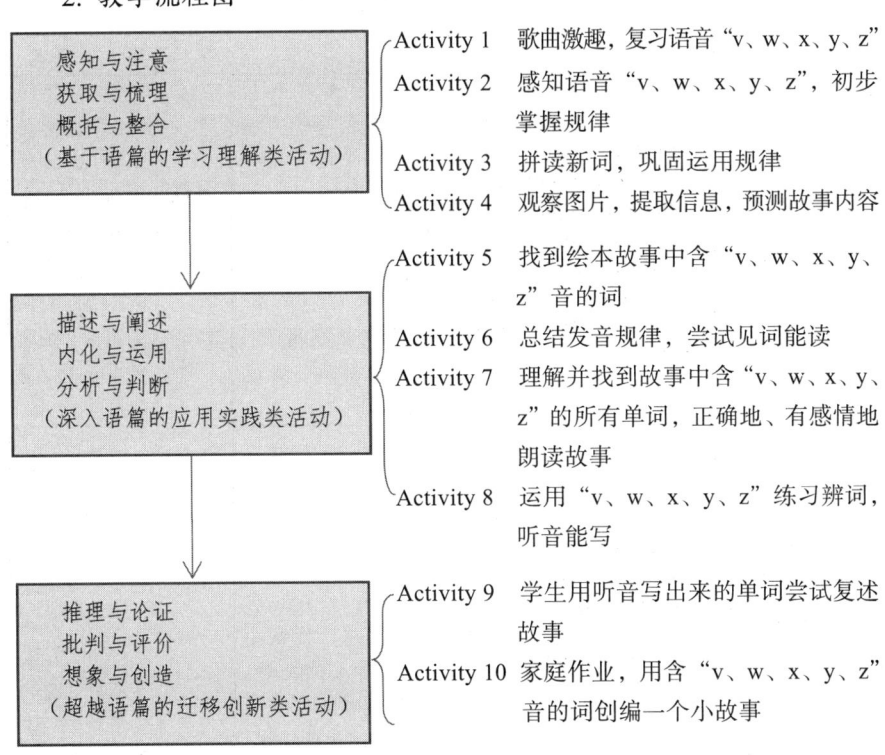

3. 教学活动设计及评析

教学环节/目标	师生活动	设计意图	活动层次	评价效果
Activity 1 复习歌曲和所学句型，为掌握语音词做铺垫	1. Free talk. 2. Sing a song	1. 通过打招呼拉近师生距离。 2. 通过复习为接下来引入 v、w、x、y、z 的发音做准备。 3. 提升学生的学习兴趣，吸引学生的注意力		复习了字母 v、w、x、y、z 发音，通过歌曲吸引学生的注意力
Activity 2: 学习字母组合 v 的发音及规律	Story 1 1. Look and say: Show some pictures. What's this? 2. Read the 1st story. 3. Learn new words: vet, vat	1. 通过读图和猜想引出我们要学习的第一个字母组合 v，猜测故事情节。 2. 运用所学发音来拼读单词，阅读小故事，感知 v 的发音。 3. 理解故事寓意：助人为乐	学习理解，应用实践	通过听、说，学生能够掌握 v 的发音并拼读含有 v 的单词。 学生可以能够独立观察图片，提取文字信息，猜测故事内容
Activity 3: 学习字母组合 w 的发音及规律	Story 2 1. Look and say: Show some pictures. What's this? 2. Read the 2nd story. 3. Learn new words we, win, wes, wind, want	1. 通过读图和猜想引出我们要学习的第一个字母组合 w，猜测故事情节。 2. 运用所学发音来拼读单词，阅读小故事，感知 w 的发音。 3. 理解故事寓意：骄傲使人落后，谦虚使人进步		通过听、说，学生能够掌握 w 的发音并拼读含有 w 的单词。 学生可以能够独立观察图片，提取文字信息，猜测故事内容
Activity 4: 学习字母组合 x 的发音及规律	Story 3 1. Look and say: Show some pictures. What's this? 2. Read the 3rd story. 3. Learn new words: fox, box	1. 通过读图和猜想引出我们要学习的第一个字母组合 x，猜测故事情节。 2. 运用所学发音来拼读单词，阅读小故事，感知 x 的发音。 3. 理解故事寓意：互相帮助，和谐相处		通过听、说，学生能够掌握 x 的发音并拼读含有 x 的单词。 学生可以能够独立观察图片，提取文字信息，猜测故事内容

续表

教学环节/目标	师生活动	设计意图	活动层次	评价效果
Activity 5: 学习字母组合 y 的发音及规律	Story 4 1. Look and say: Show some pictures. What's this? 2. Read the 4th story. 3. Learn new words: yes, yum, yip, yap, yam	1. 通过读图和猜想引出我们要学习的第一个字母组合 y,猜测故事情节。 2. 运用所学发音来拼读单词,阅读小故事,感知 y 的发音。 3. 理解故事寓意:分享的快乐	学习理解,应用实践	通过听、说,学生能够掌握 y 的发音并拼读含有 y 的单词。 学生可以能够独立观察图片,提取文字信息,猜测故事内容
Activity 6: 学习字母组合 z 的发音及规律	Story 5 1. Look and say: Show some pictures. What's this? 2. Read the 5th story. 3. Learn new words: zip, zap, zed, zig, zag	1. 通过读图和猜想引出我们要学习的第一个字母组合 z,猜测故事情节。 2. 运用所学发音来拼读单词,阅读小故事,感知 z 的发音。 3. 理解故事寓意:坚持就是胜利		通过听、说,学生能够掌握 z 的发音并拼读含有 z 的单词。 学生可以能够独立观察图片,提取文字信息,猜测故事内容
Activity 7: Post-reading	1. Picture tour to get the main idea of the 5 stories. 2. Read the stories in a group. 3. Emotional education	图片环游回顾每个小故事。 小组合作学习,互补长短。 通过情感教育,加强了对每个小故事的理解		学生通过拼读绘本故事,巩固 v、w、x、y、z 的发音,并运用 v、w、x、y、z 的发音去读更多的故事,提升英语阅读能力和知识的迁移创新能力
Activity 8: Summary and Homework	1. Summary: Blend the words together. 2. Homework: A. Read the 5 stories to you parents. B. Make a story with one sound of "v, w, x, y, z".	总结当天所学的内容并布置练习进行巩固		

4. 板书设计

Unit 6 Happy holidays (Period 3)								
vegetables	water	box	yellow	zoo				
/v/	/w/	/x/	/y/	/z/	G1	G2	G3	G4
vet	we	fox	yes	zip				
vat	win	box	yum	zap				
	wes	fex	yip	zed				
	wind		yap	zig				
	want		yam	zag				

5. 教学亮点

（1）通过老师英文名字首字母的发音引入 v、w、x、y、z 的组合发音，设计真实有趣，吸引学生的注意力。

（2）通过肢体动作配合拼读单词，提高了学生学习的趣味性，激发学生的学习兴趣。

（3）通过小组共同翻日历拼读新单词，让学生动手进行小组合作，拼出有实际意义的单词，将所学的内容应用于实践，巩固。

（4）除了进行语音教学，还运用拼读绘本，让学生通过已学习的发音规则，自主阅读绘本，帮助学生巩固语音的同时也提升阅读能力。

教学案例4 人教版（新起点）二年级下册 Unit 4 Times

1. 单元课时教材、学生、语篇分析及教学目标

课时	第2课时：Let's spell	时间	40 minutes
主题	Try to be strong	课型	Phonics
内容	Let's spell. Ss—/s/		
绘本来源	攀登英语绘本阅读系列 有趣的字母 Sam wants to be strong		
教材分析	语音课在一、二年级的教材中有所渗透，重点围绕26个大、小写字母，从书写到整体的字母自然拼读的感知都是重点难点，也为后面的丰富话题学习奠定基础。在本单元中，语音虽然无语音字母要求，但在小学阶段，语音课都是重点之一，要求学生重点掌握元音字母a、e、i、o、u与辅音字母相结合的组合发音。根据本单元词汇，提取出拓展的语音Ss知识渗透，通过学习元音与辅音的相结合的发音规律和绘本故事学习，锻炼学生自主拼读单词能力，对字母拼读法形成一定的感知		
文本分析	What（主题意义和主要内容）： 故事描述了主人公 Sam 想要变得更强壮，在春夏秋冬四个季节分别做了一些事情去锻炼身体，体现出热爱运动、热爱生活的主题意义。		

续表

文本分析	Why（探索意图）： 作者通过 Sam 想要变得强壮的故事引发读者的思考：要想变得强壮，Sam 一年四季分别应该做什么事情呢？ How（文本结构和语言修辞）： 文本为记叙文，用第三人称单数叙述了 Sam 变得强壮的故事，含有 "Ss" 的语音单词
学生分析	学生在幼儿园的学习积累过程中对于动物单词有一定的了解，主人公 Sam 的故事是学生非常喜闻乐见的题材。在学习完本单元后，学生能够正确地发出 Ss 的发音且读出含有此发音的单词。同时学生能够运用所学的 Ss 的发音去读更多含有此发音的单词并自主探索出其发音规律，并运用其去读与含有 Ss 的绘本故事
教学目标	1. 学生能够掌握字母 Ss 的发音规则。 2. 能运用 Ss 的拼读规则去读故事。 3. 培养学生的观察能力和故事预测和想象力
重点	能够拼读带有 Ss 发音的单词，掌握其发音规则
难点	能运用 Ss 的拼读规则去读、理解、阅读故事
教学策略	情景交际法、合作学习
学习策略	1. 多进行原音输入，多听多读多模仿。 2. 进行拼读绘本故事，进行整体的语音和语篇的培养
教学帮助	PPT，投影，拼读日历

2. 教学流程图

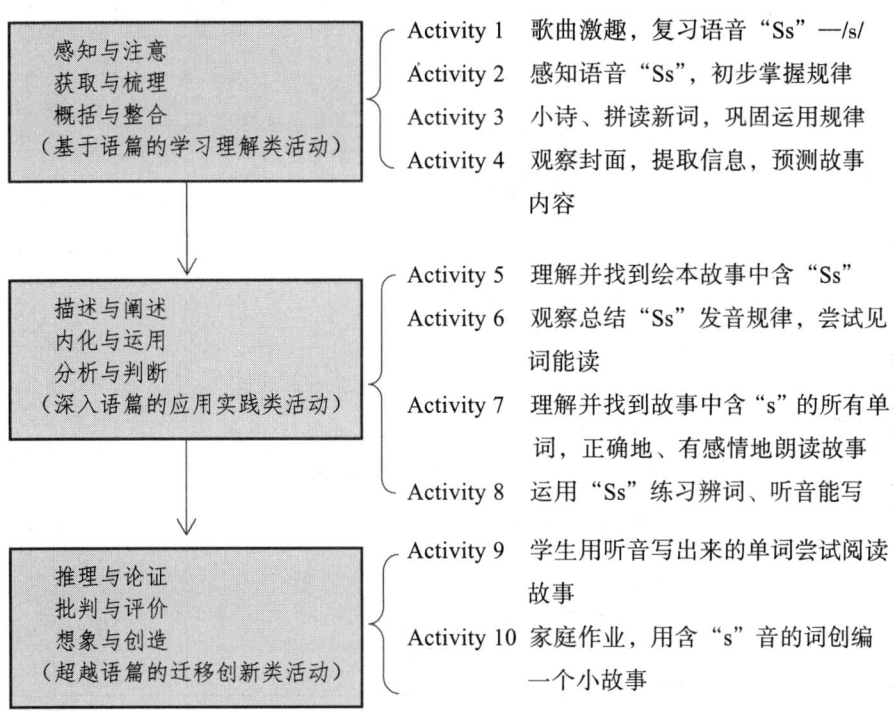

3. 教学活动设计及评析

教学环节/目标	师生活动	设计意图	活动层次	评价效果
Activity 1: Warm up 学生能够掌握字母Ss的发音	1. Greeting. Ts:Hello, boys and girls. Nice to see you. How are you today? What's this? It's a cat. 2. Sing a song. Teacher shows the video of the letter "Ss", and let students sing together	1. 通过打招呼拉近师生距离。 2. 引出字母Ss，帮助学生复习字母Ss的发音，为接下来引入Ss的发音做准备。 3. 提升学生的学习兴趣，吸引学生的注意力	学习理解	复习了字母Ss发音，通过歌曲吸引学生的注意力
Pre-reading Activity 2: 学生能够根据封面，提取信息，猜测故事主要内容，激发学生对语音绘本故事的兴趣	1. Look and guess. Guess: What is it? Guess the animal according to the cover. 2. Read the cover. What's the boy's name? 仔细观察，这个小男孩叫什么名字？ It's Sam. A. 它背着的是什么？想象一下，这是一个怎么样的故事？ B. 读完此故事，试着把Sam在一年四季春夏秋冬做的事情写出来吧	1. 通过问答形式提取故事封面信息。 2. 猜测故事情节，激发学生对绘本故事的兴趣和想象力。 3. 运用所学发音配合肢体动作掌握Ss的发音规律，并拼读单词Frank和rat（探索语音规律，迁移应用，见词能读）。 4. 在学习了Ss发音后，让学生自主探索字母组合Ss的发音，培养学生自主探索的学习能力	学习理解，应用实践	通过名字的首字母发音，让学生自主掌握Ss的发音。学生可以能够独立观察封面，提取文字信息，猜测故事内容
While-reading Activity 3: 学生能够理解并找到绘本故事中含"Ss"音的单词并尝试拼读，并以游戏进行巩固	善观察：仔细看看，春夏秋冬，Sam分别做了什么事情？ What can you see in the picture?（说出你所看见的物品，尤其是还有Ss发音的物品单词） （1）I can see Sun, sea, sweep, sandwich, sala, sausage, sleepy… Guide Ss to try to read the words with the sound of Ss. （2）Play the flash card game to consolidate the new words	通过观察图片，培养学生的观察能力和预测能力		学生通过拼读绘本故事，巩固Ss的发音，并运用Ss的发音去读更多的故事，提升英语阅读能力和知识的迁移创新能力

续表

教学环节/目标	师生活动	设计意图	活动层次	评价效果
Activity 4: 学生能够通过观察图片，预测对故事的理解，猜测故事情节，并在语境中运用重点句型及Ss的发音规则	1. Picture tour (发挥你的推测能力和观察能力). What happened when spring comes？（来年的春天来了，Sam 有什么变化吗？） 2. Read the story together. Let students read the story page by page, and then let them read the story together. Read the story by yourself. Draw out the route map. 现在你可以读出一年四季 Sam 做的事情吗？	图片环游，了解故事大意。 学生自主阅读，找出带有"Ss"音的单词尝试朗读。 小组合作学习，互补长短。 通过精读故事看，加强了对故事的理解，并让学生了解动物的敌友关系并体会故事的趣味所在		
Post-reading Activity 5: 学生能够运用"Ss"练习辨词、听音能写	1. Blending. Teacher shows a video and tell students how to blend the words with calendar, and give students a few minutes to practice in group. 2. Listen and circle. Teacher shows the chant, and let students underline the words with Ss, circle the words. 3. Practice. Let students open their books, do the practice B listen and number, and practice C listen write and say	1. 学生小组合作，通过翻自然拼读字母日历，用其他辅音字母与 Ss 的结合，运用所学发音规律和拼读规律，拼读具有实际意义的单词。自己在小组内尝试练习拼读。培养学生的合作能力和整合运用的能力。 2. 学生通过听chant，找出含有Ss的单词，通过听和观察的结合，进一步感知Ss的发音。 3. 听与写相结合，对发音进行巩固	实践应用	学生通过不同的练习活动，巩固Ss的发音，并运用Ss的发音去读更多有实际意义的单词。 在学习完Ss的发音后，通过完成书上的听写练习，检验学习成果，培养学生看词能读，听音能写的能力

续表

教学环节/目标	师生活动	设计意图	活动层次	评价效果
Activity 7: 学生用拼读出来的单词尝试创编故事	Extension: Continue writing the story with the words with the sound of "Ss"		迁移创新	
Summary and Homework	1. Summary. Blend the words together. 2. Homework： A. read the story to your parents. B. Make a story with the sound of "Ss".	总结今天所学的内容并布置练习进行巩固		

4. 板书设计

Unit4 Time (Sam wants to be strong)

What time is it？It's a …

5. 教学亮点

（1）通过老师英文名字首字母的发音引入 Ss 的组合发音，设计真实有趣，吸引学生的注意力。

（2）通过肢体动作配合拼读单词，提高了学生学习的趣味性，激发学生的学习兴趣。

（3）通过小组共同翻日历拼读新单词，让学生动手进行小组合作，拼出有实际意义的单词，将所学的内容应用于实践，巩固。

（4）除了进行语音教学，还运用拼读绘本，让学生通过已学习的发音规则，自主阅读绘本，帮助学生巩固语音的同时也能提升阅读能力。

6. 教学反思

（1）配合肢体动作来进行语音的训练，提高了学生学习的趣味性。

（2）可以让学生课后找出更多带/s/发音规律的单词。

教学案例5　人教版（新起点）三年级上册 Unit 2 Body

1. 单元课时教材、学生、语篇分析及教学目标

课时	第6课时：Let's spell	时间	40 minutes
主题	Don't make a mess	课型	Phonics
内容	Let's spell. et, ed		
绘本来源	网上资源：A red bed		
教材分析	语音课在一、二年级的教材中就有所渗透，在二年级的教材中我们已经学习了26个英文字母的常规发音。在本册书中，语音课作为每个单元的最后一个课时来讲，要求学生重点掌握元音字母a、e、i、o、u与辅音字母相结合的组合发音。本单元是元音字母e的字母组合et、ed的发音，通过学习元音与辅音的相结合的发音规律和绘本故事学习，锻炼学生自主拼读单词能力		
文本分析	What（主题意义和主要内容）： 主题意义：了解字母组合"et"和"ed"的发音及拼读规律。 主要内容：含有字母组合"et"和"ed"的单词及绘本故事。 Why（写作意图）：了解字母组合"et"和"ed"的发音及拼读规律并能够在阅读绘本中运用。		
学生分析	学生在一、二年级已掌握了26个英文字母的常规发音，且在前一个单元中学生已学习并掌握了元音字母与辅音字母相结合的发音规律。在学习完本单元后，学生能够正确地发出et、ed的发音且读出含有et、ed的单词。同时学生能够运用所学的et、ed的发音去读更多含有et、ed的单词，并运用其去读含有et、ed的绘本故事		
教学目标	1. 学生能够掌握字母组合et、ed的发音规则。 2. 能运用et、ed的拼读规则去读故事。 3. 渗透德育，让学生养成爱干净爱整洁的好习惯		
重点	能够拼读带有et、ed发音的单词，掌握et、ed的发音规则		
难点	能运用et、ed的拼读规则去读故事、创编故事		
教学策略	情景交际法、合作学习		
学习策略	1. 多进行原音输入，多听多读多模仿。 2. 进行拼读绘本故事，进行整体的语音和语篇的培养		
教学帮助	PPT，投影		

2. 教学流程图

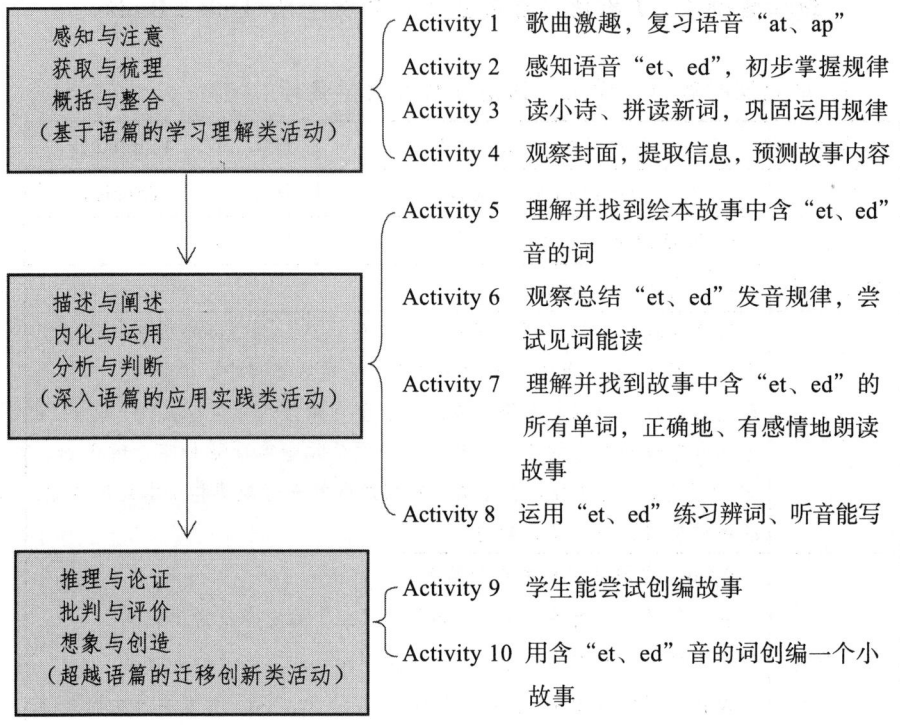

3. 教学活动设计及评析

教学环节/目标	师生活动	设计意图	活动层次	评价效果
Activity 1：学生能够复习字母组合at、ap的发音并为引入et、ed的发音做准备	1. Greeting. Ts：Hello, boys and girls. How are you today? 2. Sing a song. Teacher shows the phonic song and let students sing together. 3. Game. Teacher leads students to play the game Beat the mole	1. 通过打招呼拉近师生距离。 2. 帮助学生复习字母组合at、ap的发音，为接下来引入et、ed的发音做准备。 3. 提升学生的学习兴趣，吸引学生的注意力	学习理解	复习了字母组合的发音，通过歌曲吸引学生的注意力
Activity 2：学生能够掌握字母组合et、ed的发音	1. Teach pronunciation of et, ed. And sing the phonic songs. Teacher teaches the sounds "et" "ed". 2. Teach the new words including "et" "ed"	感知语音规律： 1. 学生跟唱小诗，从整体上感知et、ed 的发音。 2. 运用所学发音来拼读单词。并掌握et、ed 的发音规律		通过听、说，学生能够掌握et、ed 的发音并拼读含有et、ed 的单词

064

续表

教学环节/目标	师生活动	设计意图	活动层次	评价效果
Activity 3: 学生能够运用规律拼读新词及尝试朗读韵律诗	1. Listen and circle. Teacher leads students to do the exercise on the textbook. 2. Look, write and say. Teacher leads students to write the new words on the textbook. 3. Blending. Teacher leads students to blend different words. 4. Have the chant. Teacher leads students to have the chant *Ted has a pet* on the textbook	初步运用规律，尝试拼读： 1. 在已掌握 et、ed 的发音规律后，通过变换前面的辅音字母组成新的单词，进一步感知 et、ed 的发音规律，培养学生综合运用能力。 2. 学生跟唱小诗，从整体上运用 et、ed 的发音规律	实践应用	通过听、说、唱，学生能够掌握 et、ed 的发音并拼读含有 et、ed 的单词
Activity 4: 学生通过拼读绘本，巩固并运用所学语音规则	1. Pre-reading. Teacher shows the cover of the story *A bed for pets* and leads Students to talk about it. Question: What color is the bed? What happened to the bed? Students are allowed to talk about in Chinese. 2. While-reading. Teacher leads students to read through the story in details. Moral education: Keep clean and tidy. 3. Post-reading. Teacher leads students to retell the story with the aid of pictures	1. 通过问答形式提取故事封面信息。 2. 图片环游了解故事大意。学生自主阅读，找出带有"et、ed"发音的单词尝试朗读。 3. 通过情感教育，加强了对故事的理解，并让学生养成爱干净的好习惯		学生通过拼读绘本故事，巩固 et、ed 的发音，并运用 et、ed 的发音去读更多的故事，提升英语阅读能力
Activity5: Summary and homework 小结本课知识，梳理归纳	Homework: A. Read the words, story and chant fluently. B. Draw a mind map of the story. C. Use the words with "et, ed" to make up a new story	总结所学的内容并布置练习进行巩固	迁移创新	学生能够掌握发音规律并创编故事

4. 板书设计

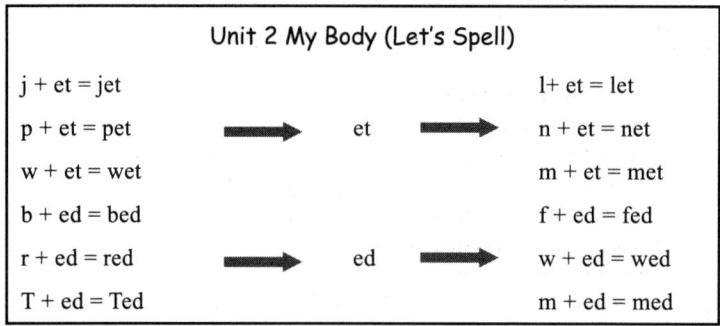

5. 教学亮点

根据英语学习活动观，本课围绕"了解并运用字母组合'et、ed'的发音及拼读规律"的主题设置了听音辨音、拼读单词、语音说唱以及运用拼读规律阅读绘本故事的设计学习理解、应用实践、迁移创新等不同认知层次的活动，让学生在已有的语音知识背景下，通过合作探究的方式在活动中学会掌握并运用本课的拼读规律，并学会将拼读规律应用于阅读，提高自主学习能力。

6. 教学反思

（1）可以适当创设有趣的情境。

（2）可以让学生课后找出更多带有 et、ed 发音规律的单词。

教学案例 6 人教版（新起点）三年级下册 Unit 1 After school subject

1. 单元课时教材、学生、语篇分析及教学目标

课时	第 6 课时：Let's spell	时间	40 minutes
主题	Try to solve the problem	课型	Phonics
内容	Let's spell. —a-e		
绘本来源	丽声北极星自然拼读绘本 *Jake can bake*		
教材分析	语音课在一、二年级的教材中就有所渗透，在二年级的教材中我们已经学习了 26 个英文字母的常规发音。在本册书中，语音课作为每个单元的最后一个课时来讲，要求学生重点掌握字母组合的发音。本单元是字母组合 a-e 的发音，通过学习字母组合的发音规律和绘本故事学习，锻炼学生自主拼读单词能力		
文本分析	What（主题意义和主要内容）： 故事描述了 Jake 和 Nan 为妈妈烘焙了一个蛋糕的故事，体现了要学会解决难题这一主题意义。 Why（写作意图）： 作者通过 Jake 和 Nan 为妈妈烘焙了一个蛋糕的故事引发读者的思考：我们遇到困难的时候应该怎么做？		

续表

文本分析	How（文本结构和语言修辞）： 文本为记叙文，用第三人称叙述了 Jake 和 Nan 为妈妈烘焙了一个蛋糕的故事，含有字母组合 a-e 的语音单词
学生分析	学生在一、二年级已掌握了 26 个英文字母的常规发音，在学习完本单元后，学生能够正确地发出字母组合 a-e 的发音且读出含有字母组合 a-e 的单词。同时学生能够运用所学的 a-e 的发音去读更多含有 a-e 的单词并自主探索出 a-e 的发音规律，并运用其去读与含有 a-e 的绘本故事
教学目标	1. 学生能够掌握字母组合 a-e 的发音规则。 2. 能运用 a-e 的拼读规则去读故事。 3. 渗透德育，让学生学会解决困难
重点	能够拼读带有字母组合 a-e 发音的单词，掌握字母组合 a-e 的发音规则
难点	能运用字母组合 a-e 的拼读规则去读故事、创编故事
教学策略	情景交际法、合作学习
学习策略	1. 多进行原音输入，多听多读多模仿。 2. 进行拼读绘本故事，进行整体的语音和语篇的培养
教学帮助	PPT，投影

2. 教学流程图

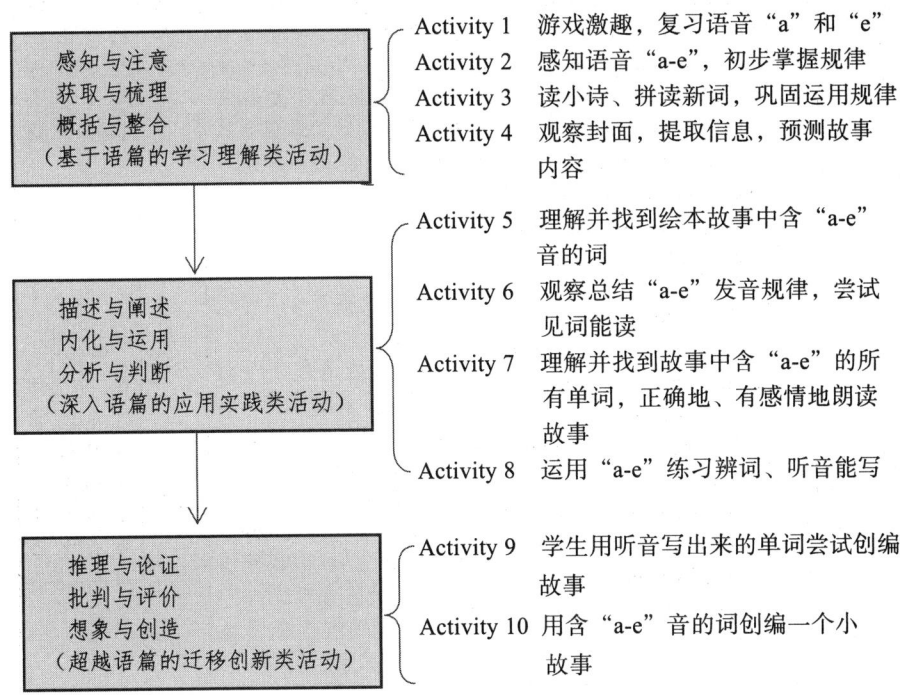

3. 教学活动设计及评析

教学环节/目标	师生活动	设计意图	活动层次	评价效果
Activity 1: 学生能够复习元音字母 a 和 e 的发音并为引入 a-e 的发音做准备	1. Greeting. Teacher: Hello, boys and girls. Teacher has free talk with individual students. 2. Show the class rules. Teacher shows the class rules and let students learn together. 3. Can you say? Teacher shows the pictures she drew and leads students to say out the words: cake...	1. 通过打招呼拉近师生距离。 2. 通过展示课堂规则，帮助学生提前感知字母组合 a-e 的发音。 3. 帮助学生复习字母 a 和 e 的发音，为接下来引入 i-e 的发音做准备	学习理解	复习了元音字母 a 和 e 的发音，通过看图猜词的游戏吸引学生的注意力
Activity 2: 学生能够掌握字母组合 a-e 的发音	1. Teach the new words with i-e. Teacher teaches the new words: cake, make, lake, tape, name, face by showing the chant. 2. Find the rule. Teacher leads students to find out the rule and teaches the pronunciation of the sounds "a-e". 3. Try to blend. Teacher leads students to blend the new words. E.g. a-e, Aa, Aa, Aa, Aa, c-ake, cake, cake, cake	感知语音规律： 1. 学生通过 chant, 从整体上感知字母组合 a-e 的发音。 2. 学生通过发现总结字母组合 a-e 的发音规律。 3. 运用所学发音来拼读单词。并掌握字母组合 a-e 的发音规律	学习理解	通过听、说，学生能够掌握字母组合 a-e 的发音并拼读含有字母组合 a-e 的单词
Activity 3: 学生能够运用规律拼读新词及尝试朗读韵律诗	1. Try to blend. Teacher leads students to blend more new words. 2. Have a chant. Teacher leads students to chant. 3. Listen and circle. Teacher leads students to do the listening exercise. Teacher: Can you circle the right words?	初步运用规律，尝试拼读： 1. 在已掌握字母组合 a-e 的发音规律后，通过变换字母组成新的单词进行拼读，培养学生综合运用能力。 2. 学生跟唱 Chant, 从整体上运用字母组合 a-e 的发音规律。 3. 通过辨音练习运用发音规律	实践应用	通过听、说、唱，学生能够掌握字母组合 a-e 的发音并拼读含有字母组合 a-e 的单词

续表

教学环节/目标	师生活动	设计意图	活动层次	评价效果
Activity 4: 学生自主阅读，探索字母组合 a-e 的发音规则	1. Pre-reading. Teacher shows the cover and leads students to talk about it. Question: Can Jake bake? Students are allowed to talk about in Chinese. 2. While-reading. Teacher leads students to read through the story in details. Moral education: We should try our best to solve problems. 3. Post-reading. Teacher leads students to underline the words with i-e in the story and try to sort. Also teacher leads students to talk about how to do when we have problems or troubles	1. 通过问答形式猜测故事信息。 2. 图片环游了解故事大意。学生自主阅读，找出带有字母组合"a-e"发音的单词尝试朗读。 3. 通过情感教育，加强了对故事的理解，并让学生学会勇于解决困难	实践应用	学生通过拼读绘本故事，巩固字母组合 a-e 的发音，并运用字组合 a-e 的发音去读更多的故事，提升英语阅读能力
Activity 5: 小结及作业，巩固所学语音	Homework: A. Read the words, story and chant fluently. B. Draw a mind map of the words. C. Use the words with "a-e" to make up a new story	总结所学的内容并布置练习进行巩固	迁移创新	学生能够掌握发音规律并创编故事

4. 板书设计

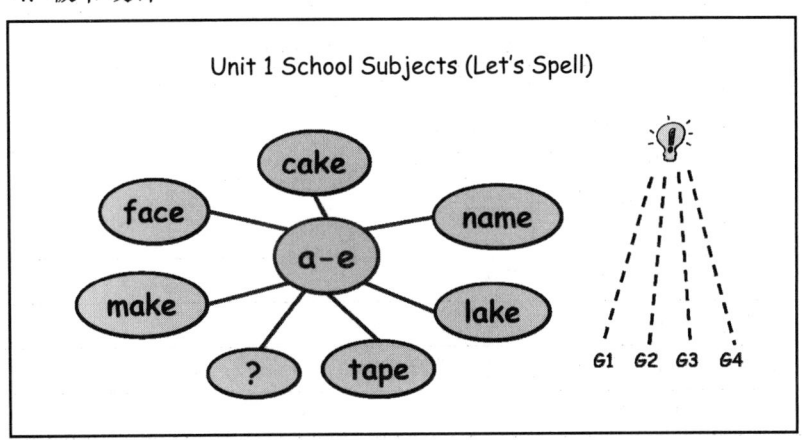

5. 教学反思

（1）配合肢体动作来进行语音的训练，提高了学生学习的趣味性。

（2）可以让学生课后找出更多带有 a-e 发音规律的单词。

二、"主题绘本课"教学案例及评析

【课型】Reading for meaning

教学案例 1　人教版（新起点）一年级上册 Unit 3 Animals

1. 单元课时教材、学生、语篇分析及教学目标

课时	第 3 课时：Let's chant（picture book）	时间	40 minutes
主题	Know and love animals	课型	reading
内容	Review lesson 1 to lesson 3, read a picture book with the relevant theme		
绘本来源	Eric Carl: Brown bear, brown bear, what do you see?		
教材分析	本课时是单元第 3 课时，综合复习本单元前 2 课时的单词与句型。同时通过补充的绘本故事，复现本单元的重点单词及巩固 Chant 里面的句型 What do you see? 让学生体会功能句在语境中的运用		
文本分析	What（主题内容与意义）： 　　通过学习不同的动物，一个跟着一个，形成一个有趣的队列的故事，渗透"人与动物和谐相处"的情感教育。 Why（作者意图）： 　　通过故事层层递进，后面排队的露出半身的动物是什么动物，激发学生的学习热情。 How（文本结构和语言修辞）： 　　文本为富有韵律的小童谣，以对话的形式问答形式，朗朗上口，句式不断重复，与此同时，不断滚动各种动物词汇，有利于学生复习并拓展本单元动物词汇及句型：What do you see? I see a …		
教学目标	1. 能综合运用本课重点单词与句型谈论所看见的动物。 2. 能理解掌握绘本故事。 3. 能够举一反三，自编歌谣。		
重点	1. 本单元单词与句型。 2. 绘本故事内容。		
难点	能够灵活自编小歌谣		
教学策略	情景交际法、合作学习		
学习策略	形象记忆、复述记忆、思维导图		
教学帮助	PPT，视频，音频，思维导图，简笔画		

2. 教学流程图

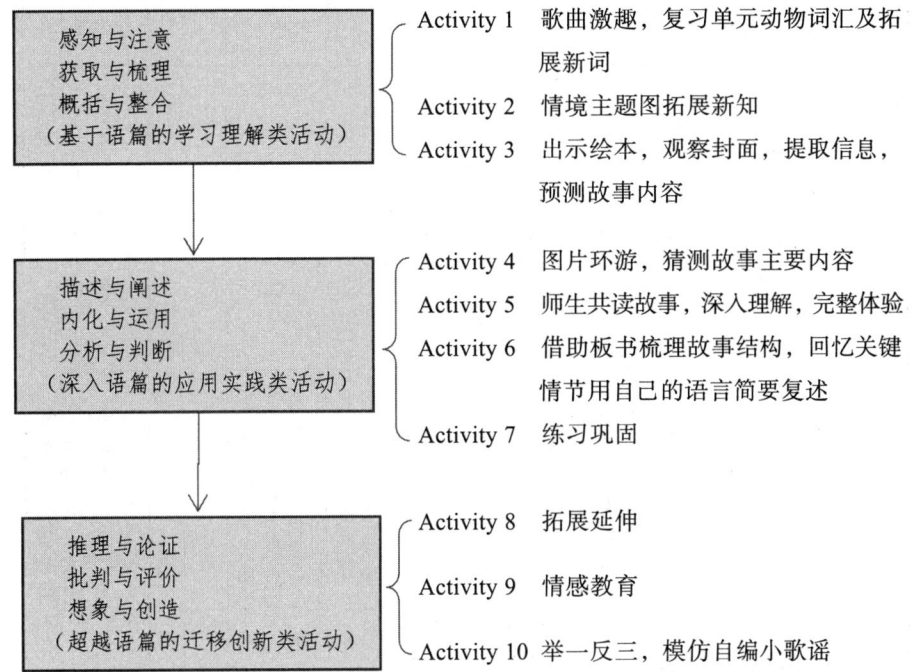

3. 教学活动设计及评析

教学环节/目标		师生活动	设计意图	活动层次	评价效果
Pre-reading	Activity 1:学生能够回忆学过的动物单词	1. Greeting. Teacher asks: Hello, boys and girls, I'm your English teacher today, welcome to my class. 2. Chant. *Animal chant*	1. 通过打招呼拉近师生距离。 2. 复习巩固本单元知识点。调整好学习状态，引入课题，为下面的教学活动做铺垫	学习理解	复习动物单词，通过歌曲吸引学生的注意力，并唤起旧知，以旧带新
	Activity 2:拓展学习更多动物词汇，丰富语言运用能力	教师和学生就食物展开自由讨论。互动方式：教师提问+学生讨论。 Free talk: 1. Show a picture and learn the vocabulary of the story. Teacher: What animals do you see? I see a… Students: Dog, cat … 2. Matching: What's this? It's a … 3. Pair work to practice	通过谈论动物的对话，激活旧知		通过统一的场景图，学习故事中有关的动物词汇和句型，为接下来的绘本故事学习打下基础

续表

教学环节/目标		师生活动	设计意图	活动层次	评价效果
While-reading	Activity 3: 培养学生读图能力、预测能力,建立文本概念	读封面信息,预测场景、主角及故事内容等。 互动方式:教师提问+教师引导学生主动提问。 建议提问: 1. What do you know about the story / book cover? 2. What do you want to know about the story?	培养学生读图能力,建立文本概念。关注封面标题与作者信息	学习理解	通过关注图中的动物场景,学生能够初步预测故事大意
	Activity 4: 关注关键信息,激发阅读兴趣	播放故事视频,引导学生从整体去感知和了解故事,解答部分之前突出的问题。启发学生预测故事内容。 互动方式:教师提问+师生互动。 建议提问: How many animals are there in the video?	图片环游的策略,使学生抓住关键信息(各种动物、情景、抓住信息提示)进行预测,激发学生的阅读兴趣和动机。结合图片和文章理解生词		学生观察动物版身体,猜测和想象这是什么动物,激发想象力和联想能力
	Activity 5: 师生共读故事,深入理解,完整体验	师生共读,通过问题链引导学生深入思考。 教师提问+师生互动。 围绕拓展句式:What do you see? I see a…	根据图片或文本推测故事情节的阅读策略,帮助学生了解故事的发展	学习理解,应用实践	师生共读,关注图片中动物局部图,为最后的产出做好铺垫。学生逐步学会问答
	Activity 6: 借助板书梳理故事结构,回忆关键情节,复述故事	学生自读,小组讨论并分享观点,验证猜想。 互动方式:教师提问+生生互动	通过自主阅读和小组合作,初步解决生词难句。培养提炼关键词的总结能力和小组合作解决问题的能力。借助思维导图概括,提高抽象思维能力和语言能力	应用实践	学生通过自主阅读和小组合作,在文章中找到问题的答案,加深对语篇的理解
	Activity 7: 练习巩固	认真聆听故事录音,跟读,小组模仿朗读。 Put in order. Watch the video of the story again.	通过听读、跟读和课后练习,更好地理解语篇		学生通过听读、跟读和小组模仿朗读,在读中理解语篇

续表

教学环节/目标		师生活动	设计意图	活动层次	评价效果
Post-reading	Activity 8: 拓展延伸，根据板书梳理故事脉络结构，复述故事	学生根据黑板的板书，梳理故事脉络结构，复述故事。互动方式：生生互动	借助板书（思维导图）梳理故事，复述故事	应用实践	学生通过板书帮忙梳理故事结构，复述故事
	Activity 9: 学生根据自己的喜好，进行动物、水果、食物等队列进行拓展延伸练习，举一反三，灵活运用	老师展示各类单词，如动物、水果、食物、玩具、文具等，让学生自主搭配，并灵活运用绘本句式	引导学生用所学语言结构，谈论创编自己的小歌谣	迁移创新	学生热情参与，自主创新，新知和旧知融合，综合运用
	Activity 10: 进行迁移，并试着创新，丰富思考的维度	微课拓展升华主题意义，引导学生跟着灵活运用，开阔思维与视野	此环节拓展学生对动物世界和大自然的认知。深度思考，提高思辨能力		联系学生的生活经验，深化主题意义
Homework	通过分层作业检查学生对故事的理解	1. Share the story with your parents. 2. Talk about how human beings should get along with animals and nature	通过分层作业检查学生对故事的理解		

4. 板书设计

> Unit 3　Animals
>
> What do you see?
>
> I see a …
>
> 　　bird, tiger, dog, monkey, cat, bear, horse, frog

5. 教学亮点

（1）本课通过选取与单元主题相关的绘本，拓展动物词汇，比如 bear、horse、frog、lion 等，在综合运用本单元重点句型的同时能拓展运用句型"What do you see?""I see a…"并拓展主题阅读。

（2）能够引导学生观察画面信息，展开想象，理解文本的意思。师生共读、学生自主阅读与同伴阅读讨论相结合，实现逐步深入理解文本。借助阅读后复述环节，引导学生回顾文本，建构结构化语言。

（3）该课在英语活动观的指导下，通过设计学习理解、应用实践和迁移创新层层递进的教学活动，推动学生阅读故事，观察图片、进行预测、推断人物心理、建构语言、听读文本、印证猜测、提炼概念，同时进行情感渗透，体现了单元大观念的教学理念。

6. 教学反思

该课活动设计层层相扣，能激发孩子的学习兴趣，培养学生的多元思维。学生在学习了课内的 chant，再对本课拓展的课外绘本，有相似的语言知识结构，并拓展了文具、玩具、食物、水果等词汇，引导学生进行创编，这样培养学生整体知识构架，培养学生综合运用的能力。读前让学生自主提问，驱动阅读，合理预测；读中通过讨论关键问题、解决语言难点的活动培养学生解决问题的能力；读后总结评价，并结合个人生活经验讨论如何表达自主创编的小歌谣，从故事内容迁移到个人的选择，积极内化所学内容，应用实践，迁移创新。

教学案例 2 人教版（新起点）一年级下册 Unit 3 Toys

1. 单元课时教材、学生、语篇分析及教学目标

课时	第 4 课时：Let's chant（picture book）	时间	40 minutes
主题	Clean up the room	课型	reading
内容	Review lesson 1 to lesson 3, read a picture book with the relevant theme		
绘本来源	海尼曼绘本系列：*Too much stuff*		
教材分析	本课时是单元第 4 课时，综合复习本单元前 3 课时的单词与句型。同时通过补充的绘本故事，复现本单元的重点单词及巩固 Chant 里面的句型，让学生体会功能句在语境中的运用		
文本分析	What（主题内容与意义）： 通过学习不同的玩具，一个跟着一个，形成一个有趣的队列的故事，渗透要学会收拾玩具的好习惯和爱护玩具的情感教育。 Why（作者意图）： 通过故事层层递进，引导学生思考为什么要收拾玩具，如果不收拾会怎么样，养成收拾玩具这个好习惯有什么意义，与学生的实际生活相联系，激发学生的学习热情。 How（文本结构和语言修辞）： 文本为富有韵律的小童谣，以对话的形式问答形式，朗朗上口，句式不断重复，与此同时，不断滚动各种玩具词汇，有利于学生复习并拓展本单元玩具词汇及句型		

续表

教学目标	1. 能综合运用本课重点单词与句型谈论所看见的玩具。 2. 能理解掌握绘本故事。 3. 能够举一反三，自编歌谣
重点	1. 本单元单词与句型。 2. 绘本故事内容
难点	能够灵活自编小歌谣
教学策略	情景交际法、合作学习
学习策略	形象记忆、复述记忆、思维导图
教学帮助	PPT，视频，音频，思维导图，简笔画

2. 教学流程图

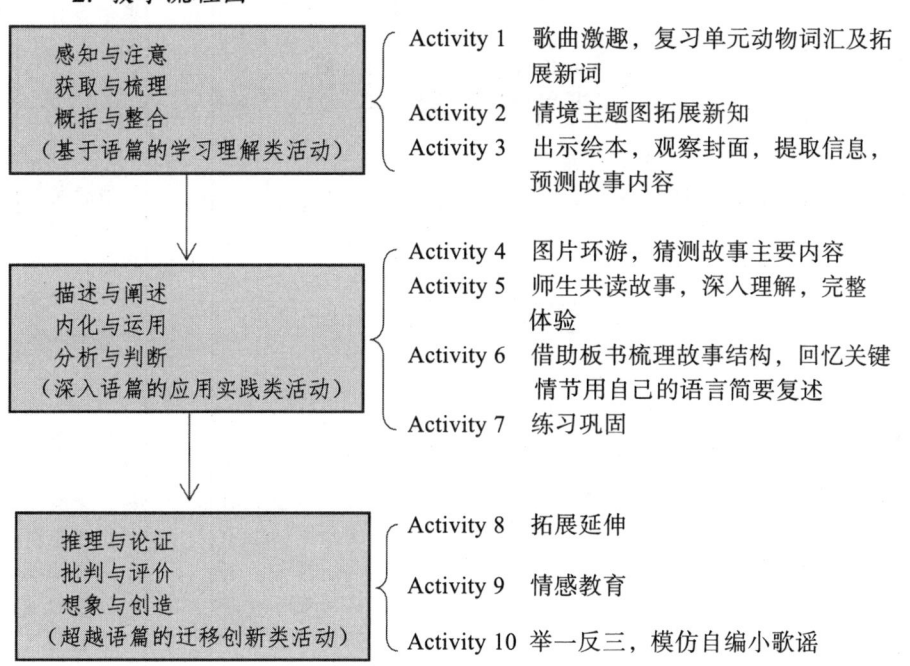

3. 教学活动设计及评析

教学环节/目标		师生活动	设计意图	活动层次	评价效果
Pre-reading	Activity 1: Warm up 学生能够回忆学过的玩具单词	1. Greeting. Teacher asks: Hello, boys and girls, I'm your English teacher today, welcome to my class. 2. Chant. Toys chant	1. 通过打招呼拉近师生距离。 2. 复习巩固本单元知识点。调整好学习状态，引入课题，为下面的教学活动做铺垫		复习玩具单词，通过歌曲吸引学生的注意力，并唤起旧知，以旧带新

续表

教学环节/目标		师生活动	设计意图	活动层次	评价效果
	Activity 2: 拓展学习更多玩具词汇，丰富语言运用能力	创设情景，老师拿出一个 magic bag，里面有很多玩具。教师和学生就玩具展开自由讨论。互动方式：教师提问+学生讨论。 1. Show the toys and learn the vocabulary of them. Teacher: Look! I got a … I put it in the bag. 2. Matching game 3. Pair work to practice	通过谈论玩具的对话，激活旧知。通过魔法袋子的游戏，使得学生更有兴趣猜猜里面到底有什么玩具。不知不觉中学会新玩具词汇和句型 I put it in the …		通过统一的场景图，学习故事中有关的玩具词汇和句型，为接下来的绘本故事学习打下基础
	Activity 3: 培养学生读图能力、预测能力，建立文本概念	读封面信息，预测场景、主角及故事内容等。 互动方式：教师提问+教师引导学生主动提问。 建议提问： 1. What do you know about the story / book cover? 2. What do you want to know about the story?	培养学生读图能力，建立文本概念。关注封面标题与作者信息	学习理解	通过关注图中的玩具场景，学生能够初步预测故事大意
While-reading	Activity 4: 关注关键信息，激发阅读兴趣	播放故事视频，引导学生从整体去感知和了解故事，解答部分之前突出的问题。启发学生预测故事内容。 互动方式：教师提问+师生互动。 建议提问： How many toys are there in the video?	图片环游的策略，使学生抓住关键信息（各种玩具、情景、抓住信息提示）进行预测，激发学生的阅读兴趣和动机。结合图片和文章理解生词		学生需认真观看视频，才能得知故事主角小熊有哪些玩具，并通过猜测和想象这是什么玩具，激发想象力和联想能力
	Activity 5: 师生共读故事，深入理解，完整体验	师生共读，通过问题链引导学生深入思考。 教师提问+师生互动。 围绕拓展句式： I got a … I put it in the closet	根据图片或文本推测故事情节的阅读策略，帮助学生了解故事的发展	学习理解、应用实践	师生共读，关注图片中玩具的摆放位置，为最后的产出做好铺垫。学生逐步学会问答

续表

教学环节/目标		师生活动	设计意图	活动层次	评价效果
	Activity 6:借助板书梳理故事结构，回忆关键情节，复述故事	学生自读，小组讨论并分享观点，验证猜想。 互动方式：教师提问+生生互动	通过自主阅读和小组合作，初步解决生词难句。培养提炼关键词的总结能力和小组合作解决问题的能力。借助思维导图概括，提高抽象思维能力和语言能力	应用实践	学生通过自主阅读和小组合作，在文章中找到问题的答案，加深对语篇的理解
	Activity 7:练习巩固	认真聆听故事录音，跟读并小组模仿朗读，Put in order. Watch the video of the story again	通过听读、跟读和课后练习，更好地理解语篇		学生通过听读、跟读和小组模仿朗读，在读中理解语篇
	Activity 8:拓展延伸，根据板书梳理故事脉络结构，复述故事	学生根据黑板的板书，梳理故事脉络结构，复述故事。 互动方式：生生互动	借助板书（思维导图）梳理故事，复述故事		学生通过板书帮忙梳理故事结构，复述故事
Post-reading	Activity 9:学生根据自己的实际需求，尝试收拾玩具，进行拓展延伸练习，举一反三，灵活运用	老师展示各类单词，如玩具、动物、水果、食物、玩具、文具等，让学生以小组为单位，进行玩具或者其他物件的收拾，注意物品的摆放位置，整齐有序，并灵活运用绘本句式	引导学生用所学语言结构，谈论创编自己的小歌谣。 I got a ... I put it in the ...	迁移创新	学生热情参与，自主创新，新知和旧知融合，综合运用
	Activity 10:进行迁移，并试着创新，丰富思考的维度	微课拓展升华主题意义，引导学生跟着灵活运用，开阔思维与视野	此环节拓展学生对收拾玩具和物品摆放有了更深刻的认知。深度思考，提高思辨能力		联系学生的生活经验，深化主题意义
Homework	分层作业	1. Share the story with your parents. 2. Put away your toys when you come back home, and introduce your toy closet with us	通过分层作业检查学生对故事的理解		联系学生的实际生活，回去收拾玩具并用所学英语知识进行介绍，学以致用，达到育人目的

4. 板书设计

```
              Unit 3   Toys
I got a...
I put it in the...
ball, plane, train, book, bike, truck, hat
```

5. 教学亮点

（1）本课通过选取与单元主题相关的绘本，拓展玩具词汇，比如 truck、bike 等，在综合运用本单元重点句型的同时能拓展运用句型"I got a …""I put it in the…"并拓展主题阅读。

（2）能够引导学生观察画面信息，展开想象，理解文本的意思。师生共读、学生自主阅读与同伴阅读讨论相结合，实现逐步深入理解文本。借助阅读后复述环节，引导学生回顾文本，建构结构化语言。

（3）该课在英语活动观的指导下，通过设计学习理解、应用实践和迁移创新层层递进的教学活动，推动学生阅读故事、观察图片、进行预测、推断人物心理、建构语言、听读文本、印证猜测、提炼概念，同时进行情感渗透；体现了单元大观念的教学理念。

6. 教学反思

该课活动设计层层相扣，能激发孩子的学习兴趣，培养学生的多元思维。学生在学习了课内的 chant，再对本课拓展的课外绘本，有相似的语言知识结构，并拓展了文具、玩具、食物、水果等词汇，引导学生进行创编，还引导学生"帮助小熊收拾玩具"为情境，引导学生思考玩具等物品该如何正确摆放，保持整洁有序，这样培养学生整体知识构架，培养学生综合运用的能力和思维品质。读前让学生自主提问，驱动阅读，合理预测；读中通过讨论关键问题、解决语言难点的活动培养学生解决问题的能力；读后总结评价，并结合个人生活经验讨论如何表达自主创编的小歌谣，从故事内容迁移到个人的选择，积极内化所学内容，应用实践，迁移创新。

教学案例 3 人教版（新起点）二年级上册 Unit 4 In the community

1. 单元课时教材、学生、语篇分析及教学目标

课时	第 4 课时：Let's read（picture book）	时间	40 minutes
主题	Make a plan, plan well	课型	reading
内容	Review lesson 1 to lesson 3, read a picture book with the relevant theme		
绘本来源	网络资源：*Where are you going?*		

续表

教材分析	本课时是单元第4课时，综合复习本单元前3课时的单词与句型。同时通过补充的绘本故事，复现本单元的重点单词及巩固 chant 里面的句型，让学生体会功能句在语境中的运用
文本分析	What（主题内容与意义）： 通过学习绘本中主人公周末计划去做某事的安排，复现本单元所学的核心词汇和句型 Where are you going? I am going to … Why（作者意图）： 通过故事层层递进，引导学生思考周末计划做某事，做事情要有计划性，热爱生活，与学生的实际生活相联系激发学生的学习热情。 How（文本结构和语言修辞）： 文本为富有韵律的小语篇，以排比的形式，朗朗上口，句式不断重复，与此同时，不断滚动各种地点词汇，有利于学生复习并拓展本单元地点词汇及句型
教学目标	1. 能综合运用本课重点单词与句型谈论所看见的地点。 2. 能理解掌握绘本故事。 3. 能够举一反三，自编歌谣
重点	1. 本单元单词与句型。 2. 绘本故事内容
难点	能够灵活自编小歌谣
教学策略	情景交际法、合作学习
学习策略	形象记忆、复述记忆、思维导图
教学帮助	PPT，视频，音频，思维导图，简笔画

2. 教学流程图

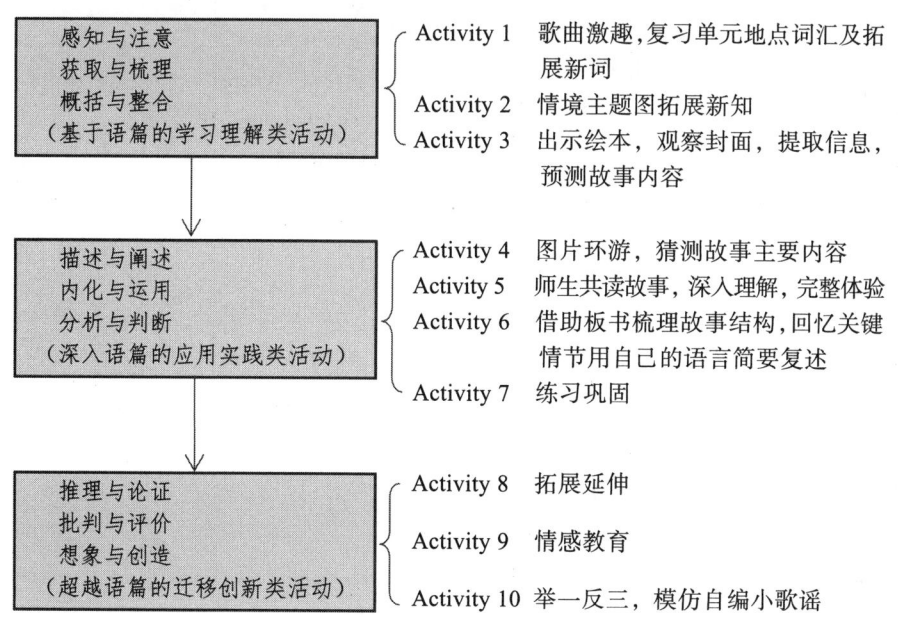

3. 教学活动设计及评析

教学环节/目标		师生活动	设计意图	活动层次	评价效果
	Activity 1: Warm up 学生能够回忆学过的地点单词	1. Greeting. Teacher: Hello, boys and girls, I'm your English teacher today, welcome to my class. 2. Chant. Places chant	1. 通过打招呼拉近师生距离。 2. 复习巩固本单元知识点。调整好学习状态，引入课题，为下面的教学活动做铺垫		复习地点单词，通过歌曲吸引学生的注意力，并唤起旧知，以旧带新
Pre-reading	Activity 2: 拓展学习更多地点词汇，丰富语言运用能力	创设情景，老师拿出一个magic bag，里面有很多地点卡片。教师和学生就玩具展开自由讨论。互动方式：教师提问+学生讨论。 1. Show the places and learn the vocabulary of them. Teacher: Look! I got a… I put it in the bag. 2. Matching game. 3. Pair work to practice	通过谈论地点的对话，激活旧知。通过魔法袋子的游戏，使得学生更有兴趣猜猜里面到底有什么玩具。不知不觉中学会词汇和句型 Where are you going? I am going to …	学习理解	通过统一的场景图，学习故事中有关的地点词汇和句型，为接下来的绘本故事学习打下基础
	Activity 3: 培养学生读图能力、预测能力，建立文本概念	读封面信息，预测场景、主角及故事内容等。 互动方式：教师提问+教师引导学生主动提问。 建议提问： 1. What do you know about the story / book cover? 2. What do you want to know about the story?	培养学生读图能力，建立文本概念。关注封面标题与作者信息		通过关注图中的地点场景，学生能够初步预测故事大意

续表

教学环节/目标	师生活动	设计意图	活动层次	评价效果
While-reading	Activity 4: 关注关键信息，激发阅读兴趣	播放故事视频，引导学生从整体去感知和了解故事，解答部分之前突出的问题。启发学生预测故事内容。互动方式：教师提问+师生互动。建议提问：How many places are there in the video?	图片环游的策略，使学生抓住关键信息（各种情景、抓住信息提示）进行预测，激发学生的阅读兴趣和动机。结合图片和文章理解生词	学习理解	学生需认真观看视频，才能得知故事主角计划去哪些地方，并通过猜测和想象，激发想象力和联想能力
	Activity 5: 师生共读故事，深入理解，完整体验	师生共读，通过问题链引导学生深入思考。教师提问+师生互动。围绕拓展句式：Where are you going? I am going to the …	根据图片或文本推测故事情节的阅读策略，帮助学生了解故事的发展	学习理解，应用实践	师生共读，关注图片中地点的具体细节，为最后的产出做好铺垫。学生逐步学会问答
	Activity 6: 借助板书梳理故事结构，回忆关键情节，复述故事	学生自读，小组讨论并分享观点，验证猜想。互动方式：教师提问+生生互动	通过自主阅读和小组合作，初步解决生词难句。培养提炼关键词的总结能力和小组合作解决问题的能力。借助思维导图概括，提高抽象思维能力和语言能力	应用实践	学生通过自主阅读和小组合作，在文章中找到问题的答案，加深对语篇的理解
	Activity 7: 练习巩固	认真聆听故事录音，跟读，小组模仿朗读。Put in order. Watch the video of the story again	通过听读、跟读和课后练习，更好地理解语篇		学生通过听读、跟读和小组模仿朗读，在读中理解语篇

教学环节/目标		师生活动	设计意图	活动层次	评价效果
Post-reading	Activity 8: 拓展延伸，根据板书梳理故事脉络结构，复述故事	学生根据黑板的板书，梳理故事脉络结构，复述故事。互动方式：生生互动	借助板书（思维导图）梳理故事，复述故事	应用实践	学生通过板书帮忙梳理故事结构，复述故事
	Activity 9: 学生根据自己的实际需求，进行拓展延伸练习，举一反三，灵活运用	老师展示各类单词，如玩具、动物、水果、食物、玩具、文具等，让学生以小组为单位，灵活运用绘本句式	引导学生用所学语言结构，谈论创编自己的小歌谣。Where are you going? I am going to …	迁移创新	学生热情参与，自主创新，新知和旧知融合，综合运用
	Activity 10: 进行迁移，并试着创新，丰富思考的维度	微课拓展升华主题意义，引导学生跟着灵活运用，开阔思维与视野	此环节拓展学生对询问和回答某人计划去哪个地方的问答句式有了更深刻的认知。深度思考，提高思辨能力		联系学生的生活经验，深化主题意义
Home-work	分层作业	1. Share the story with your parents. 2. Retell the story	通过分层作业检查学生对故事的理解		联系学生的实际生活，并用所学英语知识进行介绍，学以致用，达到育人目的

4. 板书设计

```
         Unit 4   In the community
    Where are you going?
    I am going to …
    Bookshop, zoo, school, supermarket, park, hospital
```

5. 教学亮点

（1）本课通过选取与单元主题相关的绘本，拓展地点词汇，比如 sea、amusement 等，在综合运用本单元重点句型的同时能拓展运用句型"I love …"

并拓展主题阅读。

（2）能够引导学生观察画面信息，展开想象，理解文本的意思。师生共读、学生自主阅读与同伴阅读讨论相结合，实现逐步深入理解文本。借助阅读后复述环节，引导学生回顾文本，建构结构化语言。

（3）该课在英语活动观的指导下，通过设计学习理解、应用实践和迁移创新层层递进的教学活动，推动学生阅读故事，观察图片、进行预测、推断人物心理、建构语言，听读文本、印证猜测、提炼概念，同时进行情感渗透；体现了单元大观念的教学理念。

6. 教学反思

该课活动设计层层相扣，能激发孩子的学习兴趣，培养学生的多元思维。学生在学习了课内的 chant，再对本课拓展的课外绘本，有相似的语言知识结构，并拓展了文具、玩具、食物、水果等词汇，引导学生进行创编，培养学生整体知识构架，培养学生综合运用的能力和思维品质。读前让学生自主提问，驱动阅读，合理预测；读中通过讨论关键问题、解决语言难点的活动培养学生解决问题的能力；读后总结评价，并结合个人生活经验讨论如何表达自主创编的小歌谣，从故事内容迁移到个人的选择，积极内化所学内容，应用实践，迁移创新。

教学案例 4　人教版（新起点）二年级下册 Unit 6 My week

1. 单元课时教材、学生、语篇分析及教学目标

课时	第 5 课时：Let's check（picture book）	时间	40 minutes
主题	Make good plan of the week	课型	Reading
内容	Review lesson 1 to lesson 3, read a picture book with the relevant theme		
绘本来源	网络资源：*My week*		
教材分析	本课时是单元第 5 课时，综合复习本单元前 4 课时的单词与句型。同时通过补充的绘本故事，复现本单元的重点句型"What day is it?"让学生体会功能句在语境中的运用		
文本分析	What（主题内容与意义）： 通过一周的课程，学会时间管理的情感教育。 Why（作者意图）： 通过故事引发读者思考：如何管理时间？ How（文本结构和语言修辞）： 文本为记叙文，语篇时态为第一人称下的一般现在时，语言简单凝练融合了衣服类单词，句式不断重复，有利于学生复习本单元句型：What day is it? It's …		

续表

教学目标	1. 能综合运用本课重点单词与句型谈论一周的课程。 2. 能理解掌握绘本故事。 3. 渗透德育，让学生能够学会管理时间
重点	1. 本单元单词与句型。 2. 绘本故事内容
难点	掌握一周每天相应的课程
教学策略	情景交际法、合作学习
学习策略	形象记忆、复述记忆、思维导图
教学帮助	PPT，视频，音频，思维导图，绘画

2. 教学流程图

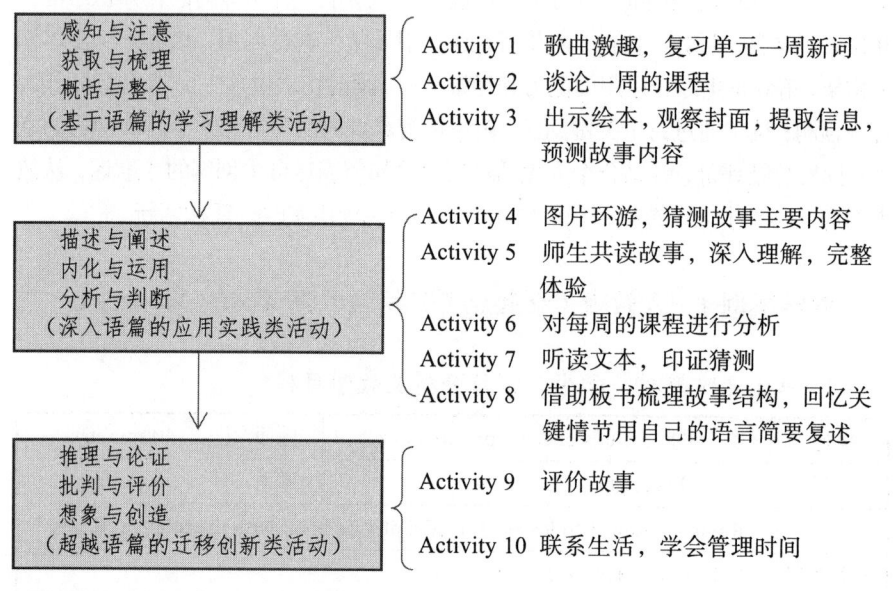

3. 教学活动设计及评析

教学环节/目标	师生活动	设计意图	活动层次	评价效果
Pre-reading	Activity 1: Warm up 学生能够回忆学过的一周单词	1. Greeting. 2. Sing a song *A week*	1. 通过打招呼拉近师生距离。 2. 帮助学生复习一周单词，为接下来的活动做准备。 3. 提升学生的学习兴趣，吸引学生的注意力		复习一周单词，通过歌曲吸引学生的注意力

续表

教学环节/目标		师生活动	设计意图	活动层次	评价效果
While-reading	Activity 2: 学生能够自由谈论一周的课程安排	教师和学生就一周的课程展开自由讨论。 互动方式：教师提问+学生讨论。 1. Free talk： Teacher: What day is it? 2. Pair work to practice What subject do you have on Monday?	通过谈论一周课程的对话，激活旧知		学生已有的经验已被调动，好奇心和参与热情被激发
	Activity 3: 培养学生读图能力、预测能力，建立文本概念	读封面信息，预测场景、主角及故事内容等。 互动方式：教师提问+教师引导学生主动提问。 建议提问： 1. What do you know about the story / book cover? 2. What do you want to know about the story?	培养学生读图能力，建立文本概念。关注封面标题与作者信息	学习理解	通过关注是周几以及上什么课，学生能够初步预测故事大意
	Activity 4: 关注关键信息，激发阅读兴趣	师生共读，了解故事，解答部分之前突出的问题。启发学生预测故事内容。 互动方式：教师提问+师生互动。 建议提问： 1. What day is it? 2. What subject do you have on Monday?	图片环游的策略，使学生抓住关键信息（主人公、情景和事件）进行预测，激发学生的阅读兴趣和动机。结合图片和文章理解生词		学生看图片，预测一周有什么课程
	Activity 5: 学习描述每天想上的课程	师生共读，通过问题链引导学生深入思考。 互动方式：教师提问+师生互动。 What subject do you have on Monday? I have math class on Monday	根据图片或文本推测故事情节的阅读策略，帮助学生了解故事的发展	学习理解，应用实践	师生共读，关注图片和相应的文本，为最后的产出做好铺垫。学生逐步学会询问及表达每周上的课程

续表

教学环节/目标		师生活动	设计意图	活动层次	评价效果
	Activity 6: 培养归纳总结及小组合作能力，对一周每天的课程进行阐述分析	学生自读，小组讨论并分享观点，验证猜想。 互动方式：教师提问+生生互动。 建议提问： 1. Do you have math class on _____? 2. Do you like math? 3. Why?	通过自主阅读和小组合作，初步解决生词难句。分析家人的反应，培养归纳总结能力和小组合作解决问题的能力，提高抽象思维能力和语言能力	应用实践	学生通过自主阅读和小组合作，在文章中找到问题的答案，加深对语篇的理解
	Activity 7: 听读文本，印证猜测	认真聆听故事录音，跟读，小组模仿朗读，印证读前猜测，完成对语篇的理解。 互动方式：生生互动	通过听读、跟读和模仿朗读，印证猜测，理解语篇		学生通过听读、跟读和小组模仿朗读，在读中理解语篇
	Activity 8: 借助板书梳理故事脉络结构，复述故事	学生根据黑板的板书，梳理故事脉络结构，复述故事。 互动方式：生生互动	借助板书（思维导图）梳理故事，复述故事		学生通过板书帮忙梳理故事结构，复述故事
Post-reading	Activity 9: 想象如果自己是主人公，会如何设计一周的课程	学生假设自己是故事的主人公，谈论如何设计一周的课程。 互动方式：教师提问+师生互动	引导学生用所学语言结构，设计一周的课程	迁移创新	学生热情参与，发表意见，表达自己想要上的课程，设计一周的课程
	Activity 10: 进行迁移，并试着创新，丰富思考的维度	联系实际生活，谈论一周的课程。 互动方式：教师提问+师生互动	知识方法迁移创新，了解如何管理时间。深度思考如何积极应对，提高思辨能力		学生联系个人生活经验，谈论管理实践的积极的反应
Homework		分层作业	A. Read the story to your parents. B. Rewrite the story and share with your classmates	通过分层作业检查学生对故事的理解		

4. 板书设计

```
                Unit 6    My week
    Sunday      ————       English
    Monday      ————       music
    Tuesday     ————       math
    Wednesday   ————       art
    Thursday    ————       science
    Friday      ————       reading
    Saturday    ————       (happy)
```

5. 教学亮点

（1）在英语活动观的指导下，该课通过设计学习理解、应用实践和迁移创新层层递进的教学活动，推动学生阅读故事、观察图片、进行预测、推断人物心理、建构语言、听读文本、印证猜测、提炼概念，同时进行情感渗透；体现了单元大观念的教学理念。

（2）本课通过选取与单元主题相关的绘本，在综合运用本单元重点句型的同时能拓展相关知识点。

（3）能够引导学生观察画面信息，展开想象，理解文本的意思。师生共读、学生自主阅读与同伴阅读讨论相结合，实现逐步深入理解文本。借助阅读后复述环节，引导学生回顾文本，建构结构化语言。

教学案例 5 人教版（新起点）三年级上册 Unit 3 Food

1. 单元课时教材、学生、语篇分析及教学目标

课时	第 5 课时：Let's check（picture book）	时间	40 minutes
主题	Making a shopping list	课型	reading
内容	Review lesson 1 to lesson 3, read a picture book with the relevant theme		
绘本来源	网络资源：*What do you want?*		
教材分析	本课时是单元第 5 课时，综合复习本单元前 4 课时的单词与句型。同时通过补充的绘本故事，复现本单元的重点句型"What do you want?"让学生体会功能句在语境中的运用		
文本分析	What（主题内容与意义）： 通过爸爸到超市帮家人购物，结果记错东西的故事，渗透"学会感恩他人的付出"的情感教育。 Why（作者意图）： 通过故事引发读者思考：如何感恩他人的付出？		

续表

文本分析	How（文本结构和语言修辞）： 文本为记叙文，语篇时态为第一人称下的一般现在时，语言简单凝练融合了衣服、事物类单词，句式不断重复，有利于学生复习本单元句型：What do you want? I want a …
教学目标	1. 能综合运用本课重点单词与句型谈论喜欢或不喜欢的东西。 2. 能理解掌握绘本故事。 3. 能根据需要制作购物单。 4. 渗透德育，能够在保证安全的情况下通过购物清单帮助父母购买物品
重点	1. 本单元单词与句型。 2. 绘本故事内容
难点	根据需要制作购物单
教学策略	情景交际法、合作学习
学习策略	形象记忆、复述记忆、思维导图
教学帮助	PPT，视频，音频，思维导图，绘画

2. 教学流程图

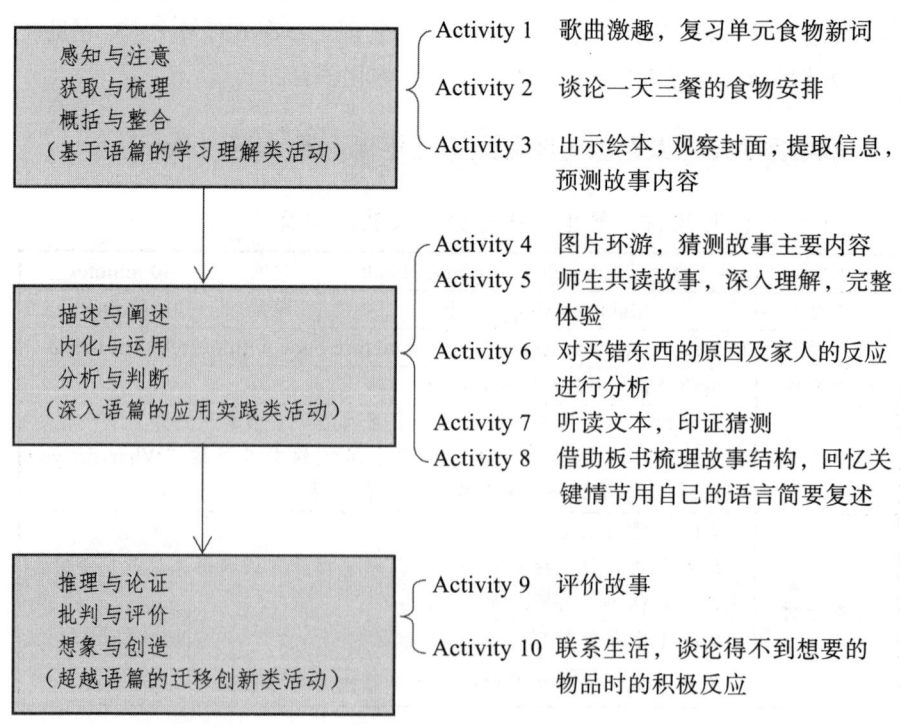

3. 教学活动设计及评析

教学环节/目标		师生活动	设计意图	活动层次	评价效果
Pre-reading	Activity 1: Warm up 学生能够回忆学过的食物单词	1. Greeting. Teacher: Hello, boys and girls, I'm your English teacher today, welcome to my class. 2. Sing a song Do you like broccoli?	1. 通过打招呼拉近师生距离。 2. 帮助学生复习食物单词，为接下来的活动做准备。 3. 提升学生的学习兴趣，吸引学生的注意力	学习理解	学生喜欢并能唱出有关食物的歌曲。学生能够大声说出学过的食物单词
	Activity 2: 学生能够自由谈论一天三餐的食物安排	教师和学生就食物展开自由讨论。互动方式：教师提问+学生讨论。 1. Free talk: Teacher: What do you have for breakfast / lunch / dinner? P: I have ... for ... 2. Pair work to practice. Teacher: Now, please talk with your partner about what you have for breakfast / lunch /dinner?	通过谈论食物的对话，激活旧知		学生能用学过的食物单词和句型自由谈论自己和家人一天三餐的食物
	Activity 3: 培养学生读图能力、预测能力、建立文本概念	读封面信息，预测场景、主角及故事内容等。 互动方式：教师提问+教师引导学生主动提问。 建议提问： 1. What do you know about the story from the cover? 2. What do you want to know about the story?	培养学生读图能力，建立文本概念。关注封面标题与作者信息		通过关注图中超市物品，学生能够初步预测故事大意

续表

教学环节/目标		师生活动	设计意图	活动层次	评价效果
While-reading	Activity 4:关注关键信息，激发阅读兴趣	师生共读第1~2页，了解故事，解答部分之前突出的问题。启发学生预测故事内容 互动方式：教师提问+师生互动 建议提问： 1. What does the family want? 2. Can Dad remember the things they want?	图片环游的策略，使学生抓住关键信息（主人公、情景和事件）进行预测，激发学生的阅读兴趣和动机。结合图片和文章理解生词	学习理解	学生看图片，能预测一家人想要的物品
	Activity 5:学习描述想要的物品，阐述爸爸买了什么物品	师生共读，通过问题链引导学生深入思考爸爸买错物品时家人的反应 互动方式：教师提问+师生互动 建议提问： 1. What did dad buy? 2. Why did dad buy the wrong?	根据图片或文本推测故事情节的阅读策略，帮助学生了解故事的发展。师生共读，关注图片中个人想要的物品，为最后的产出做好铺垫	学习理解，应用实践	学生逐步学会询问及表达想要的物品
	Activity 6:培养归纳总结及小组合作能力，对爸爸买错东西的原因和家人的反应进行阐述分析	学生自读，小组讨论并分享观点，验证猜想。 互动方式：教师提问+生生互动。 建议提问： 1. What did the family say? 2. Why?	通过自主阅读和小组合作，发现爸爸买错物品的原因，初步解决生词难句。分析家人的反应，培养归纳总结能力和小组合作解决问题的能力。借助思维导图概括和阐述想要物品的理由，提高抽象思维能力和语言能力	应用实践	学生通过自主阅读和小组合作，在文章中找到问题的答案，加深对语篇的理解
	Activity 7:听读文本，印证猜测	认真聆听故事录音，跟读，小组模仿朗读，印证读前猜测，完成对语篇的理解。 互动方式：生生互动	通过听读、跟读和模仿朗读，印证猜测，理解语篇		学生通过听读、跟读和小组模仿朗读，在读中理解语篇

续表

教学环节/目标		师生活动	设计意图	活动层次	评价效果
Post-reading	Activity 8: 借助板书梳理故事脉络结构，复述故事	学生根据黑板的板书，梳理故事脉络结构，复述故事。 互动方式：生生互动	借助板书（思维导图）梳理故事，复述故事	应用实践	学生通过板书帮忙梳理故事结构，复述故事
	Activity 9: 想象如果自己是主人公，会如何选择想要的物品并记录清楚	学生假设自己是故事的主人公，谈论如何记录想要的东西以及得不到自己想要的东西时会怎样。 互动方式：教师提问+师生互动。 建议提问： 1. What do you want? 2. Will you make a shopping list? 3. What if you get the wrong thing?	引导学生用所学语言结构，谈论自己想要的物品	迁移创新	学生热情参与，发表意见，表达自己想要的东西及得不到自己想要的东西时的反应
	Activity 10: 将师生梳理出制作购物单的方法及实际生活中得不到自己想要的东西时积极的反应，进行迁移，并试着创新，丰富思考的维度	联系实际生活，谈论制作购物单及得不到自己想要物品时的积极反应。 互动方式：教师提问+师生互动。 建议问题： 1. How do you make a shopping list? 2. What if you get a thing you don't want?	知识方法迁移创新，了解如何表达自己想要的东西并正确记录下来。学生在梳理得不到想要的物品时的反应，深度思考如何积极应对，提高思辨能力		学生联系个人生活经验，谈论自己得不到自己想要的东西时积极的反应
Homework	分层作业	1. Read the story to your parents. 2. Rewrite the story and share with your classmates	通过分层作业检查学生对故事的理解		

4. 板书设计

```
        Unit 3   Food (Period 5)
What does Mon want?
She wants…
What does Grandpa want?
He wants…
```

5. 教学亮点

（1）本课通过选取与单元主题相关的绘本，在综合运用本单元重点句型的同时能拓展阅读。

（2）能够引导学生观察画面信息，展开想象，理解文本的意思。师生共读、学生自主阅读与同伴阅读讨论相结合，实现逐步深入理解文本。借助阅读后复述环节，引导学生回顾文本，建构结构化语言。

（3）该课在英语活动观的指导下，通过设计学习理解、应用实践和迁移创新层层递进的教学活动，推动学生阅读故事，观察图片、进行预测、推断人物心理、建构语言、听读文本、印证猜测、提炼概念，同时进行情感渗透；体现了大观念的教学理念。

6. 教学反思

该课活动设计层层相扣，能激发孩子的学习兴趣，培养学生的多元思维。教师在学习过程中提供学习支架，谈论想要的物品，提升学生语言输出的信息。读前让学生自主提问，驱动阅读，合理预测；读中通过讨论关键问题、解决语言难点的活动培养学生解决问题的能力；读后总结评价，并结合个人生活经验讨论如何表达自己想要的物品并记录清楚，当得不到自己想要的物品时要积极应对，从故事内容迁移到个人的选择，积极内化所学内容，应用实践，迁移创新。

教学案例 6　人教版（新起点）三年级下册 Unit 1 School subjects

1. 单元课时教材、学生、语篇分析及教学目标

课时	第 5 课时：Let's check（picture book）	时间	40 minutes
主题	Be happy at school	课型	reading
内容	Review lesson 1 to lesson 3, read a picture book with the relevant theme		
绘本资源	丽声北极星分级绘本：*Zob at school*		
教材分析	本课时是单元第 5 课时，综合复习本单元前 4 课时的单词与句型。同时通过补充的绘本故事，让学生体会功能句在语境中的运用		

续表

文本分析	What（主题内容与意义）： 通过介绍作者的新学校以及作者所拥有的新东西及新朋友，渗透"热爱学习 快乐学习"的情感教育。 Why（作者意图）： 通过配图短文引发读者思考：如何快乐学习？ How（文本结构和语言修辞）： 该语篇是配图短文，时态为第一人称下的一般现在时，语言简单，涵盖了学科单词，"Let's ..."句式不断重复
教学目标	1. 能综合运用本课重点单词与句型介绍自己喜欢的科目。 2. 能理解掌握绘本故事。 3. 能根据绘本故事图片梳理情节。 4. 渗透德育，能够热爱学习，快乐学习
重点	1. 本单元单词与句型。 2. 绘本故事内容
难点	罗列自己拥有的物品
教学策略	情景交际法、合作学习
学习策略	形象记忆、复述记忆、思维导图
教学帮助	PPT，视频，音频，思维导图，绘画

2. 教学流程图

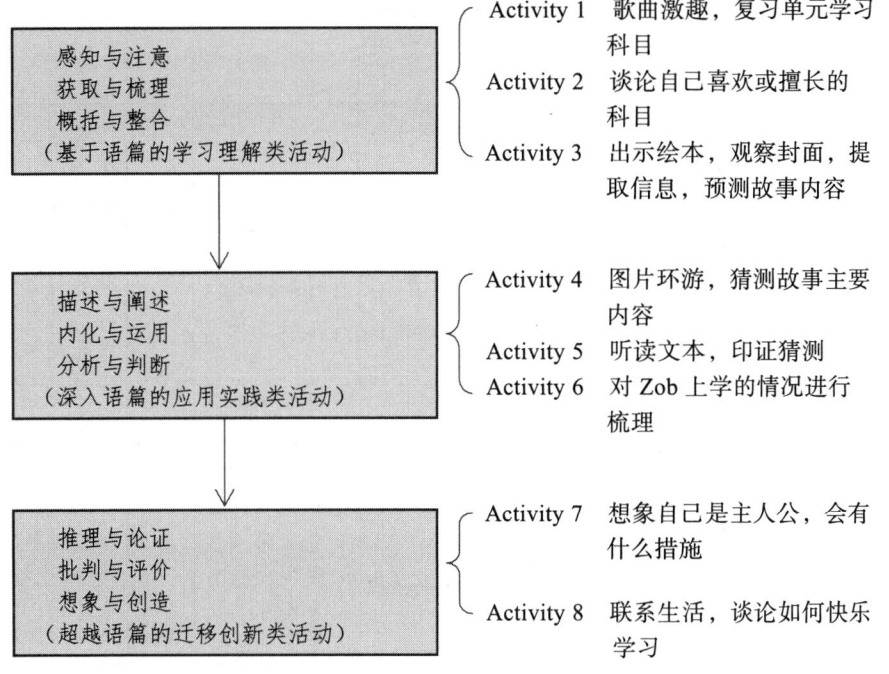

3. 教学活动设计及评析

教学环节/目标		师生活动	设计意图	活动层次	评价效果
Pre-reading	Activity 1: 学生能够回忆学过的学习科目词汇	1. Free talk. Teacher: How are you today? What subjects do you like? What subjects do you have today? 2. Sing a song. *School subjects* Teacher leads students to sing a song about subjects	1. 通过聊天拉近师生距离。 2. 帮助学生复习有关学习科目的单词，为接下来的活动做准备。 3. 提升学生的学习兴趣，吸引学生的注意力	学习理解	复习学校功能室单词，通过歌曲吸引学生的注意力
	Activity 2: 学生能够自由谈论自己喜欢或擅长的科目	1. Discuss. 教师和学生就自己喜欢或擅长的科目展开自由讨论。 互动方式：教师提问+学生讨论 Teacher: What subjects do you like? Are you good at it? Students: ... 2. Pair work. T: Now, please talk with your partner about your favorite subjects	通过谈论自己喜欢或擅长的科目，激活旧知		学生已有的经验已被调动，好奇心和参与热情被激发
	Activity 3: 培养学生读图能力、预测能力、建立文本概念	读封面信息，预测绘本内容等。 互动方式：教师提问+教师引导学生主动提问。 建议提问： 1. What do you know about book cover? 2. What do you want to know about the book?	培养学生读图能力，建立文本概念。关注封面标题		通过关注图中Zob上学的图片，学生能够初步预测故事大意
	Activity 4: 关注关键信息，激发阅读兴趣	进行图片环游。启发学生预测绘本内容。 互动方式：教师提问+师生互动。 建议提问： 1. What subjects does Zob like?	图片环游的策略，使学生抓住关键信息进行预测，激发学生的阅读兴趣和动机。结合图片和文章理解生词		学生看图片，整理Zob喜欢的科目

续表

教学环节/目标		师生活动	设计意图	活动层次	评价效果
While-reading	Activity 5: 听读文本，印证猜测	认真聆听故事录音，跟读，小组模仿朗读，印证读前猜测，完成对语篇的理解。 互动方式：生生互动	通过听读、跟读和模仿朗读，印证猜测，理解语篇	应用实践	学生通过听读、跟读和小组模仿朗读，在读中理解语篇
	Activity 6: 借助板书梳理Zob上学做的事情，复述故事	学生根据黑板的板书，梳理Zob上学做的事情，复述故事。 互动方式：生生互动	借助板书（思维导图）梳理故事，复述故事		学生通过板书帮忙梳理Zob上学做的事情，复述故事
Post-reading	Activity 7: 想象如果自己是主人公，会不会喜欢音乐科目	学生假设自己是故事的主人公，谈论自己在不擅长音乐的情况下还会不会喜欢音乐这一学科。 互动方式：教师提问+师生互动。 建议提问：If you are not good at music, do you like it?	引导学生用所学语言结构，谈论自己在不擅长音乐的情况下还会不会喜欢音乐这一学科	迁移创新	学生热情参与，发表意见，谈论自己在不擅长音乐的情况下还会不会喜欢音乐这一学科
	Activity 8: 将学生梳理出的新物品做整理，讨论如何快乐学习，进行迁移，并试着创新，丰富思考的维度	联系实际生活，谈论如何快乐学习。 互动方式：教师提问+师生互动。 建议问题：How to learn happily?	知识方法迁移创新，了解如何快乐学习。深度思考，提高思辨能力		学生联系个人生活经验，谈论如何快乐学习
Homework	分层作业	1. Read the story to your parents. 2. Make a mind map and share with your classmates	通过分层作业检查学生对故事的理解		

4. 板书设计

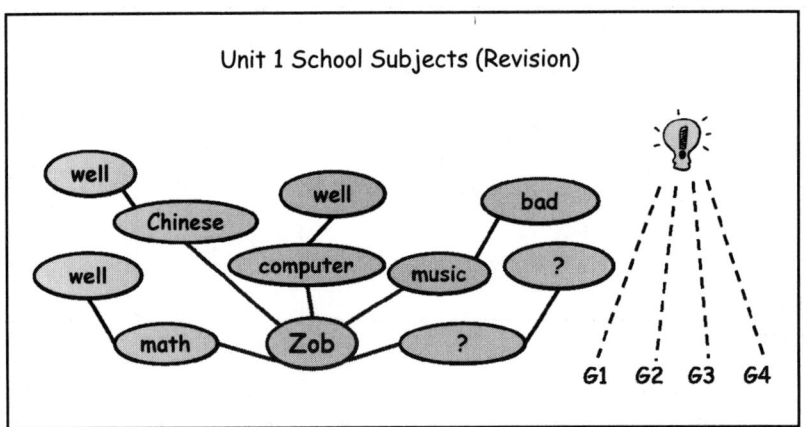

对"拼·悦·读"校本课程评价的思考

"拼·悦·读"课内阅读拓展课程的有效开展需要课程评价的反馈和跟进。课程的评价通过日常课堂学习表现记录过程性表现评价的方式来开展。通过开展一至三年级的英语素养比赛活动,考查学生们的拼读能力、阅读习惯、朗读能力和阅读策略,反馈学生的英语学科素养发展情况。

第一节 基于"教—学—评"一体化的课堂表现性评价

课堂上,我们通过单元整体教学,采取"教—学—评"一体化策略,检验学生学习表现,促使学习的真正发生。教师要注重各教学要素相互关系的分析,设计并实施目标、活动、评价相统一的教学,体现以学定教、以教定评,使评价镶嵌于教学之中,成为教学的有机组成部分。以下是具体的基于"教—学—评"的单元整体设计范例。

教学案例1　人教版（新起点）一年级上册 Unit 2 My face

一、单元课时、教材、学生、语篇分析及教学目标

单元主题	认识自己的五官，了解五官的作用，爱护自己，关爱他人
主题意义分析	本单元是人教版《英语》（一年级起点）一年级上册 Unit 2 My face，围绕单元主题，Lesson 1 学习五官名称和重点句型"Touch your …""This is my …"。Lesson 2 继续学习五官单词句子并学习语音绘本 My face。Lesson 3 学习课本的故事。Lesson 4 复习本单元内容并学习主题绘本 I love my face。 我们将围绕主题语境，设计课堂教学的目标、内容和活动，在真实情景中开展教学，引领学生语言能力、思维品质、文化意识和学习能力的融合发展
教材分析	本单元教材内容为人教版《英语》（一年级起点）一年级上册 Unit 2 Face 这一单元，本单元由 Lesson 1、Lesson 2、Lesson 3、Lesson 4 各个板块组成。Lesson 1 为 body parts，学习五官单词和句型"Touch your …""This is my …"。Lesson 2 为语音绘本内容 My face，进一步学习五官单词。Lesson 3 是五官相关的故事学习。Lesson 4 是主题绘本 I love my face 的学习。课与课之间联系紧密，层层递进，从单词、句子、对话到故事以及绘本学习，文本材料内容逐渐丰富，主题也逐渐深入
学生分析	本单元的教学对象为小学一年级学生，年龄在 6 到 7 岁之间。 一年级学生活泼好动，学习热情也高，而本课内容都是学生日常生活中常用的词语，学生很容易接受和理解，在日常交际中运用频率也很高
单元整体目标	语言技能目标： 第一层次： 1. 能够听懂并说出有关身体部位的五个词汇：face、nose、mouth、eye、ear。 2. 能够听懂、会说指认自己身体部位的功能句"This is my …"，并能在恰当的情境中初步运用。 3. 能够听懂课堂简短的指令语，如"Touch your …"，并做出相应的反应。 第二层次： 1. 能够借助图片听懂本单元的故事，并尝试表演。 2. 进一步学习更多的五官单词如 eyebrow、cheek、chin，学习更多绘本句型，掌握五官的作用。

续表

单元整体目标	其他目标： 1. 能够跟随录音大胆模仿说唱歌曲、歌谣。 2. 能够对英语学习产生初步的兴趣，并积极参与课堂上组织的各种活动；能做到有序参与，积极使用英语。 3. 能够在小组活动中学会与人合作，具有合作意识。 4. 初步培养综合运用语言的能力。 5. 了解五官的作用，懂得爱护自己，关爱他人
教学重、难点	教学重点： 1. 能够理解运用所学的五官词汇和句型描述自己的五官。 2. 能够阅读并理解本单元的对话、故事的语篇材料。 3. 能够掌握语音绘本及复习扩展绘本。 教学难点： 1. 熟练掌握并运用句型描述五官。 2. 能够理解故事及扩展绘本并读懂其中蕴含的道理
教学方法、策略	全身反应法、情景教学法、任务型教学法

二、单元课时安排与课时主题、目标分析

课时安排	上课内容板块划分	课时主题	分课时教学目标
第一课时	Lesson 1	认识并学习自己的五官	1. 能够听懂、说出有关身体部位的五个词汇：face、ear、eye、nose、mouth。 2. 能够听懂教师的指令语"Touch your …"，并做出相应的反应："This is my …"。 3. 能够跟随录音大胆模仿跟读歌谣
第二课时	Lesson 2	学习语音绘本 *My face*	1. 掌握本单元的五官单词及句子。 2. 通过学习语音绘本，巩固五官单词及句型"This is my …"。 3. 通过阅读绘本，提高孩子的英语阅读兴趣
第三课时	Lesson 3	学习五官故事	1. 能够理解并掌握故事内容。 2. 能够扮演并讲述故事
第四课时	Lesson 4	学习主题绘本 *I love my face*	1. 复习掌握本单元单词及句型。 2. 通过学习主题绘本，掌握更多的五官单词及句型"I love my …""I … with my …"。 3. 通过阅读绘本，了解五官的作用，懂得爱护自己，关爱他人。 4. 通过阅读绘本，培养孩子的英语阅读能力，扩展孩子的英语思维和视野

三、分课时设计

（一）第一课时

1. 课时内容分析

课时	第一课时：Lesson 1	时间	40 minutes
主题	认识并学习自己的五官	课型	新授课：词汇、句型
内容	1. 学习五官名称：face、ear、eye、nose、mouth。 2. 掌握句型"Touch your …" "This is my …"		
教材分析	本课内容为 Lesson 1，教材的主要内容是有关五官的核心词汇，用以描绘五官的句型"This is my …"以及指令"Touch your …"。根据教材内容，我们将本课的主题定为认识并学习自己的五官		
学生分析	学生在幼儿园学过有关五官的词汇和表达，本课时内容相对简单，学生活泼好动，爱参与到各种活动中，相信通过本课的学习，学生能根据指令做相应动作并描述自己的五官		
教学目标	1. 能够听懂、说出有关身体部位的五个词汇：face、ear、eye、nose、mouth。 2. 能够听懂教师的指令语"Touch your …"，并做出相应的反应："This is my …"。 3. 能够跟随录音大胆模仿跟读歌谣		
重点	关于五官的词汇及句子学习		
难点	注意个别单词的发音，face、mouth、nose 尾音发音较难，教师可适当提醒学生，注意口型		
教学策略	情景教学法、交际式语言教学法、任务型教学法		
学习策略	任务型学习法、合作式学习法		
教学帮助	1. 单词卡片。 2. 课件、多媒体		

2. 教学活动设计及评析

教学环节/目标	师生活动	设计意图	活动层次	评价效果
Activity 1: 复习旧知引发新知	1. Greeting. 2. Sing a song of Unit 1	通过复习 Unit 1 的歌曲活跃课堂气氛并引出教学主题		学生能够愉悦地演唱表演歌曲，引起学习兴趣
Activity 2: 准确读出五官单词并理解	1. Lead in: Show a picture of Bill, "Look, this is Bill. This is the face." Today we're going to learn about face. 2. Teach the new words: face, ear, eye, nose, mouth in sentence "This is my …" 利用课件和卡片，学习五官的词汇，教师可指着自己的脸说"This is my face."。 出示单词卡片"face"，贴于黑板，在旁边板书相应的单词。同时借助动作和表情，以不同形式操练，学习单词的听说。 3. 炸弹游戏：按顺序读单词，炸弹出现在哪里，就不读哪个单词。 拍卡片游戏：把单词卡片随即贴在黑板，老师做动作，学生说"This is my …"，每一组派一代表听单词拍卡片，看谁拍得又快又准	呈现有关五官的新单词，通过 Total Physical Response (TPR) 游戏巩固学生对单词的理解和掌握	学习理解	能够掌握单词并熟练地朗读单词；能够看图快速读出单词，能够根据教师的指令触摸自己的五官
Activity 3: 熟悉五官目标单词及运用句型	1. Teach the sentence: Touch your … T: Now let's relax. Listen and do the actions: I say you do. 2. Listen and chant: 播放课文录音及歌谣，引导学生认真听课文，跟读单词句子并做出相应动作；认真听歌谣，此次不要求学生跟唱歌谣	呈现重点句"Touch your…"通过发布指令让学生熟悉句型表达，另外通过小诗巩固单词和句型		学生能够对指令做出正确反应，能够认真听歌谣

续表

教学环节/目标	师生活动	设计意图	活动层次	评价效果
Activity 4: 在小组活动中练习句型，掌握歌谣	1. Listen and do. 教师带领全体学生练习句型。 T: "Touch your …" Students(Ss): "This is my …", 学生一边说句子一边做动作。 2. Group work: Listen and do. Two students make a group and practice "Touch your …" "This is my …". 3. Listen and chant: listen and chant with actions	学生在做动作中学习掌握句型，在小组活动中巩固运用学会歌谣	应用实践	学生能够熟练唱出小诗，一边做动作一边说句子
Activity 5: 巩固所学的五官单词及句型	Listen and draw: 每位同学拿到一张纸，纸上是没了五官的Bill头像，请学生按照教师指令把他的五官画出来	通过画像查看学生掌握情况，引导学生爱惜身体		学生能够画出五官单词并描述
Activity 6: Summary and homework 能灵活运用所学内容	Today we have learned about face and two sentences. （引导学生自己总结知识点） Can you say together: face, ear, eye, nose, mouth. "Touch your…" "This is my…". 1. Introduce your face to your family. 2. Read the new words and sentences as much as you can	总结本课学习内容，布置课后作业	迁移创新	学生能掌握基本内容，灵活运用

3. 板书设计

Unit 2 Face
Touch your…
This is my…

4. 教学亮点

根据英语学习活动观，本课围绕"认识并学习自己的五官"的主题设置了TPR游戏、chant、画图介绍五官等涉及学习理解、应用实践、迁移创新等不同认知层次的活动，让学生在不同的活动中，学会介绍自己的五官部位，并意识到应该爱惜自己的身体。

5. 教学反思

应留意个别学生的掌握程度，多注意掌握较差的学生，小组活动时给予更多的关注。

（二）第二课时

1. 课时内容分析

课时	第二课时：Lesson 2	时间	40 minutes
主题	学习语音绘本 My face	课型	语音课
内容	继续学习五官单词句子并学习语音绘本 My Face		
教材分析	本课内容为 Lesson 2，教材的主要内容是巩固五官的词汇和描述句型"This is my …"以及指令"Touch your …"。根据教材内容，我们将本课的主题定为学习语音绘本 My Face		
文本分析	What（主题意义和主要内容）：通过学习介绍五官的句型，让孩子认识自己的五官，学会向别人介绍自己的五官。 Why（写作意图）：认识五官，了解自己。 How（文本结构和语言修辞）：文本为叙述文，在原有的五官单词上有所新增，既能巩固已学的五官单词，加深对句型的使用，也能学习新的五官单词如 eyebrow, cheek, chin。主要句型为"This is my …"，语言修辞简单易懂		
学生分析	学生在第一节课已经学过有关五官的词汇和句型，本绘本内容相对简单，色彩鲜艳，学生爱好绘本，相信通过本课的学习，学生能更深入地学习五官单词和句型		
教学目标	1. 掌握本单元的五官单词及句子。 2. 通过学习语音绘本，巩固五官单词及句型"This is my …"。 3. 通过阅读绘本，提高孩子的英语阅读兴趣		
重点	学习并理解语音绘本 My face 的内容		
难点	个别难点单词：eyebrow, cheek, chin		
教学策略	情景教学法、交际式语言教学法		
学习策略	1. 多进行原音输入，多听多读多模仿。 2. 进行拼读绘本故事，进行整体的语音和语篇的培养		
教学帮助	1. 绘本卡片。 2. 课件、多媒体		

2. 教学活动设计评析

教学环节/目标	师生活动	设计意图	活动层次	评价效果
Activity 1: 引发学生学习绘本的兴趣	1. Warming up: sing the song and play a game (guessing game). 2. Read the cover and guess: Who is she？她是谁？ 3. 你能说出来她脸上的五官单词吗？那你知道眉毛、下巴用英语怎么说吗？今天就让我们再来学一学！	通过歌曲活跃课堂气氛，通过读封面信息，引起学生的求知欲	学习理解	学生能够愉悦地演唱表演歌曲，阅读封面引起学习兴趣
Activity 2: 学习绘本并理解绘本内容	1. Watch and read: 利用绘本卡片，展示故事，引导学生理解绘本大意，学习主要句型"This is my…"和其他五官单词：eyebrow、cheek、chin。 2. Watch the video, and try to understand with actions. 3. Watch and read: try to imitate the tone and the language. 4. Read the story together, and act with actions. 5. Review the new words: eyebrow, cheek, chin	通过绘本卡片引导学生认识新的五官单词并巩固学生对绘本的理解和掌握		学生通过观看视频、听读、跟读，一边做动作一边掌握绘本，理解绘本内容
Activity 3: 在小组活动中巩固并应用句型	1. Play Simon says: use the sentence "This is my …". 2. Pair work: talk with your partner using the sentence "This is my …"	通过TPR游戏及小组活动巩固五官单词和句型	应用实践	学生能够对指令做出正确反应，能够正确运用句型
Activity 4: 能灵活语用所学内容	Draw about your face and introduce to your classmates with the sentence "This is my …"	通过画像查看学生掌握情况，引导学生爱惜身体	迁移创新	学生能够画出五官单词并用句型进行描述
Activity 5: Summary and homework	Today we've learned about the story. And we know more words: eyebrow, cheek, chin. Share the story with your parents or friends	总结本课学习内容，布置课后作业		学生能掌握绘本内容，举一反三

3. 板书设计

```
                My face
  This is my...
```

4. 教学亮点

（1）本课通过选取与单元主题相关的绘本，在综合运用本单元重点单词句型的同时能进行拓展阅读。

（2）通过观看视频、听读、跟读、师生共读、学生自主阅读等方式，实现逐步深入理解文本。并在活动中巩固运用绘本内容，检测学生学习效果。

5. 教学反思

没有运用拼读绘本，没有帮学生梳理其中的语音发音规则，是因为学生学过的内容还很少，没法形成相应的语音学习体系。争取在今后的教学中多总结，多联想，多创设合适的语音学习环境。

（三）第三课时

1. 教学设计

课时	第三课时：Lesson 3	时间	40 minutes
主题	学习五官故事	课型	故事课
内容	学习本单元的故事并巩固单词 face、ear、eye、nose、mouth 和新词 tail 及句型："Touch your …""This is my …".		
教材分析	本课内容为 Lesson 3，教材的主要内容是有关五官的故事，用以描绘五官的句型"This is my …"以及指令"Touch your …"。根据教材内容，我们将本课的主题定为学习五官故事		
学生分析	学生在前面两节课学过有关五官的词汇和表达，本课时内容相对简单，学生活泼好动，爱参与游戏活动，相信通过本课的学习，学生能掌握本课故事内容		
教学目标	1. 能够理解并掌握故事内容。 2. 能够扮演并讲述故事		
重点	故事学习		
难点	新单词 tail 及句子"I have no tail."		
教学策略	情景教学法、任务型教学法		
学习策略	任务型学习法、角色扮演法		
教学帮助	1. 故事卡片。 2. 课件、多媒体。 3. Bill 和猴子的头偶		

2. 教学活动设计及评析

教学环节/目标	师生活动	设计意图	活动层次	评价效果
Activity 1: 引发学生学习故事的兴趣	1. Sing the chant in U2. 2. Show the picture of Bill and the monkey, let students guess what they're talking about?	通过歌曲活跃课堂气氛，通过猜测图片，引起学生的求知欲	学习理解	学生能够愉悦地演唱表演歌曲，阅读封面引起学习兴趣
Activity 2: 学习绘本并理解绘本内容	1. Show the picfures of the story. 2. Watch the story, and try to understand it. Teach the sentence: I have no tail. 3. Watch and read: try to imitate the tone and the language. 4. Read the story together, and teacher can act with actions. 5. Role-play: Act like Bill and the monkey with the puppet	通过故事卡片引导学生理解故事，在角色扮演中掌握故事		学生通过观看视频、模仿读、齐读，一边做动作一边掌握故事，理解故事内容
Activity 3: 在小组活动中巩固并应用句型	1. Listen and number: listen and number the picture orders to make it a story. 2. Let's match: match the pictures and the sentences in this story. 3. Try to resize the story with actions	通过练习巩固故事内容	应用实践	学生能够正确理解并复述故事
Activity 4: 能灵活语用所学内容	Let's make a new story: Make two Ss a group and help them to make a new story with the sentences "Touch your…" "This is my …" Then show and act to the whole class	通过创编故事检测学生掌握情况，引导学生爱惜身体	迁移创新	学生能够运用句型进行故事创编
Activity 5: Summary and homework	Today we've learned about the story. And we know something new: tail. "I have no tail." Tell this story to your family or your friends	总结本课学习内容，布置课后作业		学生能掌握故事内容，灵活运用所学单词与句型

3. 板书设计

```
                Unit 2 Face
    Touch your…
    This is my…
```

4. 教学亮点

通过观看视频、模仿读、齐读、角色扮演等方式，实现逐步深入理解故事。并在练习和复述活动中巩固运用故事内容，检测学生学习效果。

5. 教学反思

注意分层教学，应留意个别学生的掌握程度，复述故事时给予更多的鼓励和关注。

（四）第四课时

1. 课时内容分析

课时	第四课时：Lesson 4	时间	40 minutes
主题	学习主题绘本 *I love my face*	课型	主题绘本课
内容	复习五官单词句子并学习主题绘本 *I love my face*		
教材分析	本课内容为 Lesson 4，教材的主要内容是复习课，根据教材内容，我们除了复习五官的单词句子外，还将学习主题绘本 *I love my face*		
文本分析	What（主题意义和主要内容）：通过学习新句型"I love my …""I … with my …"，教会孩子认识自己的五官，了解五官的作用，引导孩子们懂得关爱自己，爱护他人。 Why（写作意图）：引发孩子意识到爱五官的重要性，学会爱惜自己，爱护他人。 How（文本结构和语言修辞）：文本为记叙文，绘本内容在原有的五官单词句型上有扩充，既能复习已学的五官单词，还能学习新的句型"I love my …""I … with my …"，语言修辞较简单，重复句型易懂易接受		
学生分析	学生已经对五官的词汇和句型比较熟悉，本绘本内容在这基础上有所扩展，绘本内容相对简单，色彩鲜艳，学生爱好绘本，相信通过本课的学习，学生能更深入地了解五官		
教学目标	1. 复习掌握本单元单词及句型。 2. 复习学习主题绘本，掌握更多的五官单词及句型"love my …""I … with my …"。 3. 通过阅读绘本，了解五官的作用，懂得爱护自己，关爱他人。 4. 通过阅读绘本，培养孩子的英语阅读能力，扩展孩子的英语思维和视野		
重点	学习并理解主题绘本 *I love my face* 的内容		

续表

难点	掌握绘本内容，其中有个别难点单词：see, hear, smell
教学策略	情景教学法、交际式语言教学法
学习策略	1. 多进行原音输入，多听多读多模仿。 2. 形象记忆、复述记忆
教学帮助	1. 绘本卡片。 2. 课件、多媒体

2. 教学活动设计及评析

教学环节/目标	师生活动	设计意图	活动层次	评价效果
Activity 1: 通过复习，激活旧知	Review Unit 2: games to review the words and sentences. (sharp eyes and what's missing)	通过游戏帮助学生复习 Unit 2 内容，为后面的绘本学习做好铺垫		学生已有的经验已被调动
Activity 2: 引发学生学习绘本的兴趣	1. Read the cover and guess: Who is she? 猜猜这个故事的主角是谁。 2. Think over: What happened to her? 带着问题进入今天的绘本阅读吧！	通过读封面信息，引起学生的求知欲	学习理解	阅读封面引起学习兴趣，学生的好奇心和参与热情被激发
Activity 3: 学习绘本并理解绘本内容	1. Watch and read: 利用绘本卡片，展示故事，引导学生理解绘本大意，学习主要句型"I love my …""I … with my …"和相关单词 see、hear、smell。 2. Watch the video, and try to understand the sentences with actions. 3. Watch and read: try to imitate the tone and the language. 4. Read the story together, and act with actions	通过绘本卡片引导学生理解故事大意，通过观看、听读、跟读、齐读和做动作巩固文本内容		学生通过观看视频、听读、跟读，一边做动作一边掌握绘本，理解绘本内容

续表

教学环节/目标	师生活动	设计意图	活动层次	评价效果
Activity 4: 在小组活动中巩固并应用句型	1. Look and match: match the pictures with the correct sentences. 2. Guessing game: guess the sentences with the pictures covered. 3. Retell the story with actions	通过游戏加深巩固绘本的学习，帮助学生复述绘本	应用实践	学生能够理解并读懂绘本，也能在提示下正确复述出来
Activity 5: 能灵活语用所学内容	Watch and think: watch some animals with no eyes or no eras or no tail, make students think over and know about the importance of their body parts	通过观看残缺的动物图像或视频，引导学生爱护自己的五官，关爱他人	迁移创新	学生能够懂得五官的重要性，从而懂得爱护自己，关爱他人的道理
Activity 6: Summary and homework	Today we've learned about the story. And we know it's important to protect our body. 1. Read the story to your parents. 2. Retell the story and share with your classmates	总结本课学习内容，通过分层作业检查学生对绘本故事的理解		学生能掌握绘本内容，学有所得

3. 板书设计

```
          I love my face
                         face
I love my...             nose
                         eyes
                         ears
```

4. 教学亮点

（1）本课通过选取与单元主题相关的绘本，在综合运用本单元重点单词句型的同时能进行拓展阅读。

（2）通过观看视频、听读、跟读等方式，实现逐步深入理解文本。并在活动中巩固运用绘本内容，检测学生学习效果。

5. 教学反思

绘本贴合课文主题，很适合一年级小朋友扩展阅读，但个别句子对于小部分同学来说有点难掌握，还需要多加引导和练习，可以让他们回家多听读，课上再加强复习。

教学案例2　人教版（新起点）一年级下册 Unit 4 Food

一、单元课时、教材、学生、语篇分析及教学目标

单元主题	了解食物的单词，能表达自己想要什么食物并懂得珍惜食物，合理饮食
主题意义分析	本单元是人教版《英语》（一年级起点）一年级下册 Unit 4 Food 围绕单元主题，Lesson 1 学习食物的单词和询问他人喜不喜欢这个食物的句型，通过谈论食物，认识到每个人喜欢的食物不一样，能悦纳自我。Lesson 2 学习当自己饿了，表达想吃的东西，别人递给你的对话，学会珍惜食物。Lesson 3 是学习语音 G 和 H，并拓展关于 H 的语音绘本。复习之前所学的食物单词和表达饿了想吃东西的对话。其中融入了 Story time 去超市买东西的故事语篇，学会合理饮食。最后主题绘本阅读拓展课引入 The Very Hungry Caterpillar，除了给孩子拓展更多的食物，还拓展了关于星期的单词和毛毛虫蜕变成蝴蝶的过程，并且教会孩子要合理饮食，荤素搭配，才能健康长大。我们将围绕主题语境，设计课堂教学的目标、内容和活动，在真实情景中开展教学，引领学生语言能力、思维品质、文化意识和学习能力的融合发展
教材分析	本单元教材内容为人教版《英语》（一年级起点）二年级下册 Unit 4 Food 这一单元，本单元由单元封面、Lesson 1、Lesson 2、Lesson 3、Revision & Rewards 以及 Story time 各个板块组成。Lesson 1 为了解食物的单词，询问他人喜不喜欢食物的句型 "Do you like …?" "Yes, I do./ No, I don't."。Lesson 2 为当自己饿了，表达想吃的东西，别人递给你的对话。Lesson 3 是学习语音 G 和 H，并拓展关于 H 的语音绘本 Hungry Hat. Revision 复习之前所学的食物单词和表达饿了想吃东西的对话。其中融入了 Story time 去超市买东西的故事语篇，学会合理饮食。最后主题绘本阅读拓展课引入 The Very Hungry Caterpillar，除了给孩子拓展更多的食物，还拓展了关于星期的单词和毛毛虫蜕变成蝴蝶的过程，并且教会孩子要合理饮食，荤素搭配，才能健康长大。教材内容课与课之间联系紧密、层层递进，从单词，句子，对话，到故事以及拓展绘本，文本材料内容逐渐丰富，主题也逐渐深入

续表

学生分析	本单元的教学对象为小学一年级学生，年龄在6到7岁之间。 通过一年级上学期的学习，学生已经具备围绕部分日常话题进行简单听说演的能力，学过有关你喜不喜欢什么东西的表达，通过本单元的学习，我们期待学生能够描述表达自己在饿了的时候，想要什么东西，能够询问他人喜不喜欢这样东西并回答这类问题，同时能够珍惜食物，不浪费并合理安排饮食
单元整体目标	语言能力目标： 1. 能够理解运用所学的有关食物的单词并看图认读。 2. 能够询问他人喜不喜欢这样东西并回答这类问题和表达当自己饿了，想吃东西，别人递给你的对话。 3. 能够掌握语音 G 和 H 的拼读发音规律并读懂语音绘本。 4. 能够读 Story time 的故事并读懂主题绘本拓展故事。 学习能力目标： 1. 有积极主动的学习态度，能主动参与语言实践。 2. 能自主探究，合作学习。 3. 能够将自然拼读规律应用于平时的阅读，提高阅读水平。 思维品质目标： 理解不可以偏概全的概念，通过阅读的思考和讨论活动提高自己的批判性思维。 文化意识目标： 1. 能够悦纳自我，认识到每个人都是独特的。 2. 了解不同的食物，珍惜食物，并同时养成合理安排饮食的意识
教学重点	1. 能够理解运用所学的有关食物的单词并看图认读。 2. 能够理解运用核心句型询问他人喜不喜欢这样东西并回答这类问题和表达当自己饿了，想吃东西，别人递给你的对话。 3. 能够阅读并理解本单元的对话、故事的语篇材料。 4. 能够把握语音 G 和 H 的拼读发音规律并读懂语音绘本。
教学难点	1. 能够理解主题绘本的故事 The very hungry caterpillar 并通过反思和讨论读懂故事蕴含的道理。 2. 制作一周合理饮食计划
教学方法、策略	情景式教学法、交际式语言教学法、任务型教学法

二、单元课时安排与课时主题、目标分析

课时安排	上课内容板块划分	课时主题	分课时教学目标
第一课时	Lesson 1	认识到每个人喜欢的食物不一样，能悦纳自我	1. 能够理解并运用所学的有关食物的词汇（fish、rice、chicken、vegetables、eggs…）和句型（Do you like …? Yes, I do./ No, I don't.）询问他人喜不喜欢这样东西并回答这类问题。 2. 能够演唱本课的歌曲并进行表演。 3. 能够了解自己与他人喜欢的东西不一样，意识到每个人都是独特的
第二课时	Lesson 2	表达自己想要什么食物	1. 能够理解并在正确的场合运用核心句型"I'm hungry. I want... Here you are."。 2. 能够流利读本课的对话并进行表演。 3. 能够表达当自己饿了，想吃东西，别人递给你的对话
第三课时	Phonics	认识掌握g/h的拼读规律并在阅读中运用该规律	1. 能掌握 g、h 的发音。 2. 能运用 g、h 的拼读规则去读故事。 3. 能流利地读单词和唱字母歌谣
第四课时	Revision & Story time	珍惜食物并合理安排饮食	1. 能够阅读并理解 Story time 有关 panda 和 Lucky 去超市的故事。 2. 能在语境中听懂、认读和识别关于食物的词汇，做到发音准确。 3. 能够理解并运用核心句型描述自己想要什么。 4. 能够通过阅读，理解不能暴饮暴食，要合理安排饮食。 5. 能够通过阅读的思考和讨论活动，提高自己的批判性思维
第五课时	主题绘本阅读课	了解更多的食物并养成合理安排饮食的意识	1. 能够描述更多的食物。 2. 能够了解更多的食物并养成合理安排饮食的意识。 3. 能够制作一周饮食计划

三、分课时设计

（一）第一课时

1. 课时内容分析

课时	第一课时：Lesson 1	时间	40 minutes
主题	认识到每个人喜欢的食物不一样，能悦纳自我	课型	新授课：词汇、句型
内容	Lesson 1: A. Look, listen and chant. B. Do and Say. C. Listen and chant again		
教材分析	本课内容为 Lesson 1，教材的主要内容是有关食物的核心词汇，用询问他人喜不喜欢这样东西并回答这类问题"Do you like …?""Yes, I do./ No, I don't." 以及歌曲。根据教材内容，我们将本课的主题定为认识到每个人喜欢的食物不一样，能悦纳自我		
学生分析	学生在此前学过询问他人喜不喜欢这样东西并回答这类问题的表达，通过本课的学习，我们期待学生能够理解并运用所学的有关食物的词汇并询问他人喜不喜欢这样东西并回答这类问题		
教学目标	1. 能够理解并运用所学的有关食物的词汇（fish、rice、chicken、vegetables、eggs …）和句型（Do you like …? Yes, I do./ No, I don't.）询问他人喜不喜欢这样东西并回答这类问题。 2. 能够演唱本课的歌曲并进行表演。 3. 能够了解自己与他人喜欢的东西不一样,意识到每个人都是独特的		
重点	1. 能够理解并运用所学的有关食物的词汇（fish、rice、chicken、vegetables、eggs…）和句型（Do you like…? Yes, I do./ No, I don't.）询问他人喜不喜欢这样东西并回答这类问题。 2. 能够演唱本课的歌曲并进行表演		
难点	个别单词的发音 vegetables 比较长，还有 eggs 是复数，要强调单、复数		
教学策略	情景式教学法、交际式语言教学法、任务型教学法		
学习策略	任务型学习法、合作式学习法		
教学帮助	CD、PPT、Pictures		

2. 教学活动设计及评析

教学环节/目标	师生活动	设计意图	活动层次	评价效果
Activity 1: 复习旧知	1. Greeting. Teacher greets the students: Good morning. How are you? 2. Sing a song. Teacher invites the students to sing the song "Do you like ice-cream? Yes, I do." Teacher asks students to predict the lesson topic from the song and present the topic about body	通过歌曲活跃课堂气氛并引出教学主题		学生能够愉悦地演唱表演歌曲，能够通过歌曲猜测到本课的教学主题
Activity 2: 学习食物单词	1. Present the new vocabulary. Teacher shows different food and presents the new words about food. 2. Draw attention to the grammar. Show a single egg and two eggs to draw students' attention to the single and plural forms of nouns. 3. Play a game. Teacher invites students to play a flashing cards game	呈现有关食物的新单词，引导学生关注名词单复数，通过 flashing cards 游戏巩固学生对单词的理解和掌握	学习理解	能够掌握单词的意思并熟练地朗读单词；能够看图快速读出单词，能够根据教师的指令指出相应的食物
Activity 3: 学习并在情景中运用句型	1. Present the dialogue. Teacher presents the sentences on the textbook. T: Now it's time to have lunch. Binbin and Dad is having lunch. Do you like...? 2. Q&A based on the dialogue. Teacher asks students some questions based on the dialogue. Does Binbin like...? 3. Role play. Teacher asks students to have a role play. 4. A chant. Teacher asks students to learn the chant on the textbook	呈现重点句型 "Do you like...?" "Yes, I do./No, I don't."。通过角色扮演让学生熟悉句型表达，另外通过小诗巩固单词和句型		学生能够分角色表演对话，能够有节奏地唱诵小诗

续表

教学环节/目标	师生活动	设计意图	活动层次	评价效果
Activity 4:学会介绍自己的饮食喜好	1. Perform. Teacher asks students to talk about food they like by showing a demo. T: Look, I like rice. Do you like rice? S1: No, I don't. I like chicken. 2. Affective education. Teacher leads students to realize that everybody is different. We like different food	学生学会介绍自己喜欢的食物，问他人喜不喜欢这些食物，并意识到每个人都是不同且独一无二的，喜欢的食物不一样	应用实践	学生能够介绍自己喜欢的食物并询问他人喜不喜欢这些食物
Activity 5: Summary and homework	1. Summary. Teacher summarizes what we have learned today. 2. Homework. Teacher assigns the homework. （1）Chant the song and read the words. （2）Draw a picture of the food you like and talk to your friends or parents and use "Do you like..? Yes, I do./ No, I don't." to ask questions	总结本课学习内容，布置课后作业	迁移创新	学生能够画出自己喜欢的食物并与朋友或父母交流

3. 板书设计

Unit 4　Food (Lesson 1)

Do you like chicken/ fish/ vegetables? Yes, I do./ No, I don't.

an egg　　/　　two eggs

---

4. 教学反思

本节课，食物的单词除了 vegetables，其他都能较好地接受。基础好的学生，能流利地进行对话，基础较弱的学生在对话时会把"I do"说成"I like"。教师在活动设计时，应考虑水平分级的问题，体现"分层教学"的理念。

（二）第二课时

1. 课时内容分析

课时	第二课时：Lesson 2	时间	40 minutes
主题	表达自己想要什么食物	课型	新授课：句型
内容	Lesson 2：A. Look, listen and repeat.　B. Let's play.		
教材分析	本课内容为 Lesson 2，教材的主要内容是结合 Lesson 1 食物的核心词汇，为当自己饿了，表达想吃的东西，别人递给你的对话"I'm hungry. I want …""Here you are." 以及歌曲。根据教材内容，我们将本课的主题定为能表达自己想要什么食物		
学生分析	学生在此前学过询问他人喜不喜欢这样东西并回答这类问题的表达，通过本课的学习，我们期待学生能够理解并运用所学的有关食物的词汇并表达自己想要什么食物		
教学目标	1. 能够理解并在正确的场合运用核心句型"I'm hungry. I want …""Here you are."。 2. 能够流利读本课的对话并进行表演。 3. 能够表达当自己饿了，想吃东西，别人递给你的对话		
重点	1. 能够理解并在正确的场合运用核心句型"I'm hungry. I want …""Here you are."。 2. 能够表达当自己饿了，想吃东西，别人递给你的对话		
难点	能够流利读本课的对话并进行表演。句子比较多，需要多练习		
教学策略	情景式教学法、交际式语言教学法、任务型教学法		
学习策略	任务型学习法、合作式学习法		
教学帮助	CD，PPT，Pictures		

2. 教学活动设计及评析

教学环节/目标	师生活动	设计意图	活动层次	评价效果
Activity 1：通过歌曲活跃气氛复习旧知	1. Greeting. Teacher greets the students: Good morning. How are you? 2. Sing a song. Teacher invites the students to sing the song *Do you like ice-cream? Yes, I do.* Teacher asks students to sing the song to review the words they learned	通过歌曲活跃课堂气氛	学习理解	学生能够愉悦地演唱表演歌曲，能够通过歌曲复习昨天学的单词和句型

续表

教学环节/目标	师生活动	设计意图	活动层次	评价效果
Activity 2: 通过角色扮演巩固目标单词与句型	1. Present the new sentences. Teacher shows different food and say "I'm hungry. I want …" S1: Here you are. 2. Watch the video and read. Teacher teaches the sentences and asks students to read after the tape. Pay attention to the plural forms. 3. Role play. Teacher invites students to role play	呈现新句型，引导学生关注名词单复数，通过角色扮演游戏巩固学生对句型的理解和掌握		能够掌握理解句型的意思并运用表达自己肚子饿，想要什么食物
Activity 3: 在情景中灵活运用句型	1. Sing the song on the textbook. Teacher presents the song on the textbook to reinforce the content. 2. Do and Say. Teacher asks students to make a dialogue with partners by showing a demo. T: I'm hungry. I want some rice and fish. S1: Here you are. T: Thank you. 3. Show on the stage. T asks students to have a role play on the stage	呈现句型："I'm hungry. I want some …" "Here you are. Thank you." 通过角色扮演让学生熟悉句型表达	学习理解	学生能够分角色表演对话，能够有节奏地唱歌
Activity 4: 自由表达饮食喜好，相互认同	1. Talk and perform. Teacher asks students to talk about food they like by showing a demo. T: I'm hungry. I want some fish. S1: Here you are. Do you like rice? T: Yes, I do. / No, I don't. I like chicken. 2. Affective education. Teacher leads students to realize that everybody is different. We like different food. And you can talk to others	学生学会介绍自己喜欢的食物，问他人喜不喜欢这些食物，并意识到每个人都是不同且独一无二的，喜欢的食物不一样。而且你能表达出来自己想要什么食物	应用实践	学生能够表达自己想要什么食物并询问他人喜不喜欢这些食物

续表

教学环节/目标	师生活动	设计意图	活动层次	评价效果
Activity 5: Summary and homework	1. Summary. Teacher summarizes what we have learned today. 2. Homework. Teacher assigns the homework. （1）Sing the song and read the sentences. （2）Talk to your friends or parents and use "I'm hungry. I want some …"	总结本课学习内容，布置课后作业	迁移创新	学生能够表达自己喜欢的食物并与朋友或父母交流

3. 板书设计

Unit 4　Food (Lesson 2)

I'm hungry. I want some…. Here you are.
Do you like chicken/ fish/ vegetables? Yes, I do./ No, I don't.

4. 教学反思

本节课，句子比较多，特别是"I'm"的发音孩子们容易漏读。基础好的学生，能流利地进行对话，但基础较弱的学生，在对话时会将"here you are"说成"I do"或者忘记怎么回答。教师在活动设计时，应考虑水平分级的问题，体现"分层教学"的理念。

（三）第三课时

1. 课时内容分析

课时	第三课时：Phonics	时间	40 minutes
主题	语音 G&H	课型	新授课：句型
内容	Lesson 3：A. Let's act.　B. Letters in life		
教材分析	本课内容为语音课，教材的主要内容是结合生活中的单词，让学生掌握字母 Gg 和 Hh 的发音规律。根据教材内容，我们将本课的主题定为认识掌握 g、h 的拼读规律并在阅读中运用该规律		
学生分析	学生在此前学过字母 A 到 F 的发音规律，对字母发音规律有一定的掌握		
教学目标	1. 能掌握 g、h 的发音规律。 2. 能运用 g、h 的拼读规则去读故事。 3. 能流利地读单词和唱字母歌谣		

续表

重点	1. 能掌握 g、h 的发音规律。 2. 能流利地读单词和唱字母歌谣
难点	能运用 g、h 的拼读规则去读故事
教学策略	情景式教学法、交际式语言教学法、任务型教学法
学习策略	任务型学习法、合作式学习法
教学帮助	CD，PPT，Pictures

2. 教学活动设计及评析

教学环节/ 目标	师生活动	设计意图	活动层次	评价效果
Activity 1: 复习旧知	1. Greeting. Teacher greets the students: Good morning. How are you? 2. A chant. Teacher invites the students to listen the chant about letter "g". Today we are going to learn letters G & H	通过歌曲活跃课堂气氛。通过语音诗歌引入主题		学生能够愉悦地演唱语音诗歌，能够通过诗歌引出主题
Activity 2: 通过小诗强化语音/g/	1. Present the pronunciation G. Teacher shows letter G /g/ /g/ /g/. G is for girl. 2. Watch the video and chant again. 3. Read more words with G. （1）Read in a group. （2）Read in class	呈现字母 g 的发音规律，引导学生关注发音要轻一些，通过 chant 强化发音，然后小组认读更多的单词	学习理解	能够掌握字母 g 的发音规律并拼读单词
Activity 3: 在情景中运用语音/h/	1. Present the pronunciation H. Teacher show letter H /h/ /h/ /h/. H is for head. 2. Watch the video and chant again. 3. Read more words with H. （1）Read in a group. （2）Read in class	呈现字母 h 的发音规律，引导学生关注发音要轻一些，通过 chant 强化发音，然后小组认读更多的单词		能够掌握字母 h 的发音规律并拼读单词

续表

教学环节/目标	师生活动	设计意图	活动层次	评价效果
Activity 4: 运用所学语音，尝试朗读故事	1. Read a story about H. （1）Predict the story about *A hungry hat*. （2）Read in details. （3）Read together. Affective education: Try to eat appropriately and don't eat too much	通过与单元主题有关的语音故事，加强巩固学生对H的发音规律掌握，并在故事中渗透要合理饮食，不能暴饮暴食的教育	应用实践	学生能够用所学的发音规律来朗读故事
Activity 5: Summary and homework	1. Summary. Teacher summarizes what we have learned today. 2. Homework. Teacher assigns the homework. （1）Sing the chant about G and H and read the words. （2）Read the story about G	总结本课学习内容，布置课后作业	迁移创新	学生能够掌握字母G和H的发音规律，并运用发音规律去读故事

3. 板书设计

Unit 4 Food (Phonics)

G: g g g /g/ /g/ /g/ g is for girl.

H: h h h /h/ /h/ /h/ h is for head.

---

4. 教学反思

本节课，g与h的发音较容易掌握。学生能通过chant来进行语音的强化和巩固，但在读故事这一部分需要加强学生读单词的能力，有些学生能力稍弱，会有一些读不出来或者读不完整，老师应加以引导。

（四）第四课时

1. 课时内容分析

课时	第四课时：Revision & Story time	时间	40 minutes
主题	珍惜食物并合理安排饮食	课型	新授课：句型
内容	Revision: A. Let's review. B. Let's stick. Story time		
教材分析	本课内容为复习课和故事课，教材的主要内容是复习前面所学的关于食物的单词和句型、语音，然后再给学生拓展故事。根据教材内容，我们将本课的主题定为珍惜食物并合理安排饮食		
学生分析	学生在此前学过单词和句型，语音故事也读了，主要是帮助学生整合知识，学会运用		
教学目标	1. 能够阅读并理解 Story time 有关 panda 和 Lucky 去超市的故事。 2. 能在语境中听懂、认读和识别关于食物的词汇，做到发音准确。 3. 能够理解并运用核心句型描述自己想要什么。 4. 能够通过阅读，理解不能暴饮暴食，要合理安排饮食。 5. 能够通过阅读的思考和讨论活动，提高自己的批判性思维		
重点	1. 能够阅读并理解 Story time 有关 panda 和 Lucky 去超市的故事。 2. 能在语境中听懂、认读和识别关于食物的词汇，做到发音准确。 3. 能够理解并运用核心句型描述自己想要什么。 4. 能够通过阅读，理解不能暴饮暴食，要合理安排饮食		
难点	能够通过阅读的思考和讨论活动，提高自己的批判性思维		
教学策略	情景式教学法、交际式语言教学法、任务型教学法		
学习策略	任务型学习法、合作式学习法		
教学帮助	CD, PPT, Pictures		

2. 教学活动设计及评析

教学环节/目标	师生活动	设计意图	活动层次	评价效果
Activity 1: Warm up	1. Greeting. Teacher greets the students: Good morning. How are you? 2. Sing the song. Teacher invites the students to sing the song on the textbook.	通过歌曲活跃课堂气氛。通过歌曲来复习	学习理解	学生能够愉悦地唱书本的歌曲，能够通过歌曲来复习

续表

教学环节/目标	师生活动	设计意图	活动层次	评价效果
Activity 2: Revision	1. Review words. Teacher shows a context. Binbin's family are in the restaurant. Cards flashing. Remember the food you see. 2. Make a dialogue. I'm hungry. I want … Here you are. Do you like …? Yes, I do. / No, I don't. 渗透语音复习 G 和 H	呈现情境让学生在情境中复习单词和句型	学习理解	能够熟练掌握本单元关于食物的单词和句型
Activity 3: Story time	1. Prediction. Where are they? What are they doing? 2. Watch the video and answer questions. 3. Read after the tape. 4. Read in groups. 5. Think about the actions Cherish the food and make a good plan	通过预测来读故事，教会孩子合理安排饮食		能够朗读故事并且明白饮食的重要性，同时不能浪费粮食
Activity 4: Extension	1. Role play in groups. 2. Show on the stage. 3. Make your own meal plan. Teacher gives a table and students fill in the blanks about food	讲故事演绎，让学生进一步理解故事，并让学生制作饮食计划，渗透要合理饮食，不能暴饮暴食的教育	应用实践	渗透合理饮食，不能暴饮暴食
Activity 5: Summary and homework	1. Summary. Teacher summarizes what we have learned today. 2. Homework. Teacher assigns the homework. （1）Sing the songs and read the sentences. （2）Read the story	总结本课学习内容，布置课后作业	迁移创新	学生能够熟练掌握单词和句型并流利朗读故事

3. 板书设计

Unit 4　Food (Revision)

I want … Here you are.

Do you like…?　　Yes, I do. / No, I don't.

（五）第五课时

1. 教学设计

课时	第五课时：主题绘本阅读课	时间	40 minutes
主题	了解更多的食物并养成合理安排饮食的意识	课型	新授课：句型
内容	*The very hungry caterpillar*		
教材分析	本课内容为主题绘本阅读课，故事的内容是指饥饿的毛毛虫从周一到周日都吃了什么，给学生拓展食物的单词的同时引导学生要合理饮食		
学生分析	学生在此前学过关于食物的单词，语音故事也读了，学生能够根据图片来进行大致的理解。在精读方面情感态度上老师要进行进一步的引导		
教学目标	1. 能够描述更多的食物。 2. 能够了解更多的食物并养成合理安排饮食的意识。 3. 能够制作一周饮食计划		
重点	1. 能够描述更多的食物。 2. 能够了解更多的食物并养成合理安排饮食的意识		
难点	1. 能够制作一周饮食计划。 2. 朗读故事		
教学策略	情景式教学法、交际式语言教学法、任务型教学法。		
学习策略	任务型学习法、合作式学习法		
教学帮助	CD，PPT，Pictures		

2. 教学活动设计及评析

教学环节/目标	师生活动	设计意图	活动层次	评价效果
Activity 1: Warm up	1. Greeting. Teacher: Good morning. How are you? 2. Sing a song. Listen to a song about food	通过歌曲活跃课堂气氛；通过歌曲引入主题	学习理解	学生能够愉悦地演唱歌曲，能够通过歌曲引出主题

续表

教学环节/目标	师生活动	设计意图	活动层次	评价效果
Activity 2: While-reading	1. Prediction. Who is it? What happened to the caterpillar? 2. Watch the video. 3. Read in details. On Sunday morning, … On Monday he ate one apple. 4. Talk. What food does the caterpillar eat?	通过精读，图片和视频，带领孩子认真地朗读故事，拓宽视野	学习理解	能够了解故事的大意并拓宽视野，能够读食物的单词
Activity 3: Post-reading	1. Read again and match. 2. Read the story in groups 3. Make your diet plan for a week. Teacher gives a demo and hand out the worksheet	通过与单元主题有关的语音故事，拓宽学生视野，了解更多的食物并在故事中也渗透要合理饮食，不能暴饮暴食的教育	应用实践	学生能够用将所学运用到生活中，设计自己的一周饮食计划
Activity 4: Summary and homework	1. Summary. Teacher summarizes what we have learned today. 2. Homework. Teacher assigns the homework. （1）Retell the story. （2）Make a family diet plan	总结本课学习内容，布置课后作业	迁移创新	运用所学知识到生活中，设计自己的饮食安排

3. 板书设计

Unit 4 Food（绘本阅读课）

On Sunday morning, …

On Monday he ate one apple.

4. 教学反思

本节课，主题绘本故事有较多的句子，但是通过图片和一些单词，学生是可以大致理解故事的，再加上老师的引导，学生可以理解这个故事。

教学案例3　人教版（新起点）二年级上册 Unit 6 Happy holidays

一、单元整体分析

单元主题	理解节日的意义，懂得表达祝福
主题意义分析	本单元是人教版《英语》（一年级起点）三年级上册 Unit 2 My body 围绕单元主题，Lesson 1 了解圣诞节的文化，并懂得表达祝福。Lesson 2 了解新年的文化意义，并懂得表达祝福。Lesson 3 在节日表达祝福和送礼物，注重他人感受，询问是否喜爱。Review and rewards 是继续围绕圣诞节装饰开展的复习巩固环节。Story time 是有关圣诞节的故事语篇，让学生感受圣诞节文化氛围，并应该懂得感谢我们身边送礼物的每一位"圣诞老人"。我们将围绕主题语境，设计课堂教学的目标、内容和活动，在真实情景中开展教学，引领学生语言能力、思维品质、文化意识和学习能力的融合发展
教材分析	本单元教材内容为人教版《英语》（一年级起点）二年级上册 Unit 6 Happy holidays 这一单元，本单元由单元封面、Lesson 1、Lesson 2、Lesson 3、Review and rewards 以及 Story time 各个板块组成。Lesson 1 呈现了圣诞节的情景，要求掌握句型"Merry Christmas!""You too! Here is a present for you.""Thank you."。Lesson 2 呈现了新年情景，要求掌握句型"Happy New Year!""You too! Here is a card for you.""Thank you."。Lesson 3 要求学会表达心意，要求掌握"Do you like the plane?""Yes, I do."以及要求掌握 v、w、x、y、z 字母的拼读规律。Review and rewards 是让学生复习巩固所学单词和句型。Story time 是关于圣诞节和新年的故事语篇。教材内容课与课之间联系紧密、层层递进，从单词、句子、对话到短文、故事以及拓展训练，文本材料内容逐渐丰富，主题也逐渐深入
学生分析	本单元的教学对象为小学三年级学生，年龄在7到8岁之间。通过一年级的学习，学生已经具备围绕部分日常话题进行简单的听说读写演的能力，学过打招呼和感谢等表达，通过本单元的学习，我们期待学生能够通过庆祝圣诞节的话题开展听说读写演的活动

续表

单元主题	理解节日的意义，懂得表达祝福
单元整体目标	语言能力目标： 1. 能够理解运用所学表达节日祝福和心意。 2. 能够谈论圣诞节的故事。 3. 能够掌握 v、w、x、y、z 字母的拼读规律。 学习能力目标： 1. 有积极主动的学习态度，能主动参与语言实践。 2. 能自主探究，合作学习。 3. 能够将自然拼读规律应用于平时的阅读，提高阅读水平。 思维品质目标： 理解不可以偏概全的概念，通过阅读的思考和讨论活动提高自己的批判性思维。 文化意识目标： 1. 能够感受不同的文化氛围。 2. 了解不同节日的祝福表达的区别
教学重、难点	教学重点： 1. 能够理解运用所学句型表达节日祝福和心意。 2. 能够阅读并理解本单元的对话、故事的语篇材料。 3. 能够掌握 v、w、x、y、z 字母的拼读规律。 教学难点： 1. 能够根据不同节日表达相应的祝福和答谢。 2. 能够理解 Story time 的故事并通过反思和讨论读懂故事蕴含的道理
教学方法、策略	情景式教学法、交际式语言教学法、任务型教学法

二、单元课时安排与课时主题、目标分析

课时安排	上课内容板块划分	课时主题	分课时教学目标
第一课时	Lesson 1	认识并掌握表达圣诞节的祝福和答谢	1. 能够理解并运用圣诞节表达祝福的用语和相关物品名称（Christmas tree、Father Christmas、card、present）和句型"Merry Christmas!" "You too!" "Here is a present for you." "Thank you."。 2. 能够演唱本课的歌曲并进行表演。 3. 能够认识并掌握表达圣诞节的祝福和答谢

续表

课时安排	上课内容板块划分	课时主题	分课时教学目标
第二课时	Lesson 2	了解新年的文化意义，学会表达新年祝福和答谢	1. 能够理解并在合适的节日运用核心句型"Happy New Year!" "You too!" "Here is a card for you." "Thank you."。 2. 能够流利读本课的对话并进行表演。 3. 能够了解新年的文化意义，学会表达新年祝福和答谢
第三课时	Lesson 3	在节日表达祝福和送礼物，能够掌握v、w、x、y、z字母的拼读规律	1. 能够在节日表达祝福和送礼物，注重他人感受，询问是否喜爱。 2. 能够掌握v、w、x、y、z字母的拼读规律
第四课时	Review and rewards. Story time	认识和描述动物身体	1. 能够阅读并理解有关圣诞节的故事。 2. 能在语境中听懂、认读和识别了解圣诞节文化，做到发音准确。 3. 能够理解并运用核心句型表达圣诞节祝福。 4. 能够通过阅读，让学生感受圣诞节文化氛围，并应该懂得感谢我们身边送礼物的每一位"圣诞老人"。 5. 能够通过阅读的思考和讨论活动，提高自己的批判性思维

三、分课时设计

（一）第一课时

1. 课时内容分析

课时	第一课时：Lesson 1	时间	40 minutes
主题	认识并掌握表达圣诞节的祝福和答谢	课型	新授课：词汇、句型
内容	Lesson 1: A. Look, look and chant. B. Act and say. C. Listen and chant again		
教材分析	本课内容为 Lesson 1 呈现了圣诞节的情景，要求掌握句型"Merry Christmas! You too! Here is a present for you. Thank you."。了解圣诞节的文化，并懂得表达祝福		
学生分析	通过一年级的学习，学生已经具备围绕部分日常话题进行简单的听说读写演的能力，学过打招呼和感谢等表达。通过本单元的学习，我们期待学生能够通过庆祝圣诞节的话题开展听说读写演的活动		
教学目标	1. Be able to understand and read the words: Father Christmas, Christmas tree, card, present. 2. Be able to use "Merry Christmas. You too. Here is a present for you. Thank you.". 3. Be able to use Christmas greetings with your companions		

续表

重点	Be able to recognize and read out the new words about Christmas
难点	Be able to and pronounce the words correctly and use words and Christmas greetings in different situations
教学策略	情景式教学法、交际式语言教学法、任务型教学法
学习策略	任务型学习法、合作式学习法
教学帮助	CD，PPT，Pictures

2. 教学活动设计及评析

教学环节/目标	师生活动	设计意图	活动层次	评价效果
Activity 1：通过歌曲了解圣诞节祝福表达并展示教学主题	1. Free talk. T: Hello, I'm Miss Wu. Group 1 is Andy. Group 2 is Binbin. Group 3 is Lily. Group 4 is Joy. Let's go to sing a song. 2. Listen to a song: *Hello reindeer*. T: First, let's listen to a song. What is the song about? T: Yes, it's about Christmas. T: Look at these pictures. They are about Christmas. Christmas Day is the most important holiday in many western countries	通过歌曲活跃课堂气氛并引出教学主题	学习理解	学生能够愉悦地演唱表演歌曲，能够通过歌曲猜测到本课的教学主题
Activity 2：准确读出目标单词并理解词义	1. Present the words. T: Look. What can you see in the pictures? Yes, we can see Father Christmas, presents and a Christmas tree. T: But when is Christmas Day? We can see it's on December 25th. T: OK. What do you know about Christmas? T: Look, who is he? Yes, he is Father Christmas. T: What's this? Right! It's a Christmas tree. T: What about this one? Good! It's a Christmas card. T: How about the last one? Exactly! It's a present	呈现有关身体部位的新单词，引导学生关注圣诞节相关物品名称，通过游戏巩固学生对单词的理解和掌握		能够掌握单词的意思且熟练地朗读单词；能够看图快速读出单词

续表

教学环节/目标	师生活动	设计意图	活动层次	评价效果
	T: Now let's learn more about Christmas. T: What can you see in the picture? T: Yes, we can see Father Christmas, a Christmas tree and some presents. T: Look! What are they? They are a Christmas tree, Father Christmas, a Christmas card and a present. 2. Let's read after the video. 3. Play a game: Touch the words on the blackboard. (Evaluation: G1 G2 G3 G4)			
Activity 3: 通过练习,熟悉语用目标单词及句型	1. Listen and number the picture cards. T: Are you ready? Here we go! (Play the video) T: This time, please listen and check your answers. (Play the video again) 2. Check together	通过练习熟悉句型表达,另外通过小诗巩固单词和句型		学生通过完成练习巩固单词句型
Activity 4: 能够表达圣诞节祝福和答谢	1. Role play with teacher. T: We know so many words about Christmas. But what good wishes do people say on Christmas Day? Scene 1: Andy (S1) and Father Christmas (Miss Wu) T: Merry Christmas! S1: Merry Christmas! T: Wow, you did a good job. Scene 2: Lily (S2) and Father Christmas (Miss Wu) S2: Merry Christmas! T: You too! T: Wow, you did a good job. 2. Practice in pairs. A: Merry Christmas! B: You too! 3. Role play with teacher. Scene 3: Binbin (S3) and Father Christmas (Miss Wu) T: Merry Christmas! S3: You too! T: Here is a <u>present</u> for you. S3: Thank you.	学生学会通过角色扮演运用所学句型,表达圣诞节祝福和答谢	应用实践	学生学会运用所学句型,表达圣诞节祝福和答谢

续表

教学环节/目标	师生活动	设计意图	活动层次	评价效果
Activity 5: 能灵活运用所学语言表达圣诞节祝福和答谢	Scene 4: At a Christmas party... Ss talk with each other. T: Merry Christmas! S3: You too! T: Here is a <u>present</u> for you. (a card/ a ruler/ a pencil box …) S3: Thank you. 1. Role play. 2. Show time		迁移创新	学生能够用英语表达圣诞祝福和感谢
Activity 6: Summary and self-evaluation 回顾本课所学知识	1. Be able to recognize and read out the new words about Christmas correctly. Get one star. 2. Be able to use words and Christmas greetings in different situations. Get two stars. 3. Sing the song again. (*Hello reindeer*)	总结本课学习内容	总结反思	学生学会总结反思
Activity 7 Homework 学生理解作业内容	1. Listen and read the book of P46 three times. 2. Talk about Christmas with your parents	布置课后作业巩固本课所学知识	课后巩固	检查学生掌握情况

3. 板书设计

```
              Unit 6 Happy holidays (Lesson 1)
  Father Christmas, Christmas tree, card, present    G1   G2   G3   G4
  A: Merry Christmas!                                 ★    ★    ★    ★
  B: You too!                                         ★    ★    ★
  A: Here is a present for you.
  B: Thank you.
```

4. 教学亮点

根据英语学习活动观，本课围绕圣诞节的主题设置了 chant、TPR 游戏、角色扮演等涉及学习理解、应用实践、迁移创新等不同认知层次的活动，让学生在已有的语音知识背景下，通过合作探究的方式在活动中学会表达节日祝福和感谢。

（二）第二课时

1. 课时内容分析

课时	第二课时：Lesson 2	时间	40 minutes
主题	认识并掌握表达新年祝福和答谢	课型	新授课：词汇、句型
内容	Lesson 2：A. Look, look and chant.　B. Act and say.　C. Listen and chant again		
教材分析	本课内容为 Lesson 1 呈现了圣诞节的情景，要求掌握句型"Happy New Year!""You too!""Here is a card for you.""Thank you."。了解各地新年文化，并懂得表达祝福		
学生分析	通过一年级的学习，学生已经具备围绕部分日常话题进行简单的听说读写演的能力，学过打招呼和感谢等表达，通过本单元的学习，我们期待学生能够通过庆祝圣诞节的话题开展听说读写演的活动		
教学目标	1. Review the language points in this unit. 2. Be able to use holidays greetings in different situations. 3. Learn the culture of different country. 4. Be able to use "Happy New Year!" "You too!" "Here is a card for you." "Thank you."		
重点	Be able to recognize and read out the new words about New Year		
难点	Be able to and pronounce the words correctly and use words and New Year greetings in different situations		
教学策略	情景式教学法、交际式语言教学法、任务型教学法		
学习策略	任务型学习法、合作式学习法		
教学帮助	CD，PPT，Pictures		

2. 教学活动设计及评析

教学环节/目标	师生活动	设计意图	活动层次	评价效果
Activity 1：复习歌曲，拓展了解新年祝福表达并展示教学主题	1. Free talk. 2. Sing a song	通过歌曲活跃课堂气氛并引出教学主题	学习理解	学生能够愉悦地演唱表演歌曲，能够通过歌曲猜测到本课的教学主题

续表

教学环节/目标	师生活动	设计意图	活动层次	评价效果
Activity 2: 复习上节课单词句型	T: Oh, who's coming? T: Our friend Andy sends a WeChat message to him. What's that? T: There are five dots. We need to connect all the dots to make a shape. T: Number 1. What special day is on December 25th? T: Number 2. It's a beautiful tree. There is a star on the top of the tree. What's this? T: Number 3. What about this one? T: Number 4. What do people say on Christmas? T: The last one. What's this? T: First, let's chant before we go. What is the chant about? (watch a video) T: What's the chant about? S1: It's about Christmas. T: Excellent! It's about Christmas. Father Christmas is sending presents. 1. Learn the dialogue. T: Look! What's in Andy's bag? S1: There are a lot of presents in his bag. T: And what's in his hands? S2: There is a present in his hands. T: Yes, he is going to send presents to his classmates. Can you guess who will get the present first and what they will say? Let's have a look. (watch a video) T: Who gets the present first? S1: Yaoyao gets the present first. T: Good. What does Andy say first? S2: Merry Christmas. T: Great! Let's listen to Andy. T: How about Yaoyao? Let's listen. T: "You too" here means "Merry Christmas too". T: What does Andy say then?	复习上节课圣诞节单词句型	学习巩固	复习旧知，为学习新知铺垫

续表

教学环节/目标	师生活动	设计意图	活动层次	评价效果
	T: Here is a present for you. Read after me, please. "Here is a present for you". T: Good. T: What does Yaoyao say at last? Can you guess? S1: Thank you. T: Great! Let's listen to Yaoyao. T: OK. 2. Listen and repeat	复习上节课圣诞节单词句型		复习旧知，为学习新知铺垫
Activity 3: 学习新年相关的目标单词及句型	T: When can we get presents? ...New Year's Day T: Happy New Year! Ss: You too! T: Here is a <u>present</u> for you. Ss: Thank you.	学习新的单词和句型	学习理解	学习新单词句型
Activity 4: 能够表达新年祝福和答谢	1. Play a game: passing game (review the words). 2. Role play. A: Happy New Year! B: You too! A: Here is a present for you. B: Thank you. 3. Show time	学生学会通过角色扮演和游戏运用所学句型，表达新年祝福和答谢	应用实践	学生学会运用所学句型，表达新年祝福和答谢
Activity 5: 了解更多新年相关文化	1. Role play. Dialogue 1: T: Yaoyao also gets a present from Bill. What's this? S1: It's a book. T: Yes, a book. What do they say? Now I am Bill, and you are Yaoyao. Let's make a dialogue. T: Happy New Year! Yaoyao: You too. T: Here is a book for you. Yaoyao: Thank you. T: Great!	学生通过情景表演运用新知并拓展了解更多新年文化	拓展学习	学生能够用英语表达圣诞祝福和感谢

续表

教学环节/目标	师生活动	设计意图	活动层次	评价效果
Activity 5: 了解更多新年相关文化	Dialogue 2: T: Yaoyao gets a book. How about Binbin? What's this? S1: It's a present. T: Yes, a present. What do they say? This time I will be Binbin. Who would like to be Bill? Let's have a try. S2: Happy New Year. T: You too. S2: Here is a present for you. T: Thank you. T: Excellent. 2. Show time. T: Oh, here are three questions about New Year. Can you help the children to answer the questions? T: Let's look at them one by one. No. 1, When is New Year's Day? S1… T: Yes. January 1st is New Year's Day. It's the first day of the year. T: A happy face for you. No. 2, What do people say to each other? S1: I know it. People say "Happy New Year". T: Good. Let's watch the video	学生通过情景表演运用新知并拓展了解更多新年文化	拓展学习	学生能够用英语表达圣诞祝福和感谢
Activity 6: Summary and homework 学生理解作业内容	1. Listen and read the book of P47 to 48. 2. Talk about New Year's Day with your parents	布置课后作业巩固本课所学知识	课后巩固	检查学生掌握情况

3. 板书设计

```
Unit 6 Happy holidays (Lesson 2)
A: Happy New Year.              G1   G2   G3   G4
B: You too.
A: Here is a present for you.
B: Thank you.
```

4. 教学亮点

根据英语学习活动观，本课围绕圣诞节的主题设置了 chant、TPR 游戏、角色扮演等涉及学习理解、应用实践、迁移创新等不同认知层次的活动，让学生在已有的语音知识背景下，通过合作探究的方式在活动中学会表达节日祝福和感谢。

（三）第三课时

1. 课时内容分析

课时	第三课时：lesson 3	时间	40 minutes
主题	掌握 v、w、x、y、z 字母的拼读规律	课型	新授课：语音词
内容	Lesson 3：1. Act and say.　2. Listen and repeat		
教材分析	本课内容为 Lesson 3 呈现了圣诞节的情景，要求掌握 v、w、x、y、z 字母的拼读规律。了解各地新年文化，并懂得表达祝福		
学生分析	通过一年级的学习，学生已经具备围绕部分日常话题进行简单的听说读写演的能力，学过打招呼和感谢等表达，通过本单元的学习，我们期待学生能够通过庆祝圣诞节的话题开展听说读写演的活动		
教学目标	1. Master the language points in this unit. 2. Be able to recognize letters v, w, x, y, z and know the sound that v, w, x, y, z make. 3. Be able to use holidays greetings in different situations. 4. Learn the culture of different country		
重点	1. Have a good command of words. 2. Be able to ask and answer the patterns: Merry Christmas! Happy New Year! Here is a … for you. Do you like...?		
难点	Be able to recognize letters v/w/x/y/z		
教学策略	情景式教学法、交际式语言教学法、任务型教学法		
学习策略	任务型学习法、合作式学习法		
教学帮助	CD，PPT，Pictures		

2. 教学活动设计及评析

教学环节/目标	师生活动	设计意图	活动层次	评价效果
Activity 1: 复习歌曲和所学句型，为掌握语音词做铺垫	1. Free talk 2. Sing a song	通过歌曲活跃课堂气氛并引出教学主题		学生能够愉悦地演唱表演歌曲，能够通过歌曲猜测到本课的教学主题
Activity 2: 复习上节课单词句型	T: Look! Who is the old man? Yes, he is Father Christmas. Now let's listen! T: Ch, /k/, /k/, Christmas, Father Christmas. Can you say it with me? Great. T: Father Christmas has a big bag. What's in the bag? Yes! There are presents in the bag. T: Look, what's this? Yes! It's a present. /p/, /p/, present. Let's listen. T: It's your turn to read it. T: A teddy bear can be a present. A book can be a present. A pair of shoes can be a present too. T: Where does Father Christmas put the presents? T: He puts them in the stocking. Let's listen. T: Look at the picture, /s/, /s/, stocking. T: What color of the stocking? Ss: Yellow stocking. Read after me, /y/ /y/ yellow. T: What's behind the stockings? Ss: A box. T: /x/ /x/ box. T: Look, they are in the Christmas tree. T: What's this? Ss: It's a Christmas tree. T: Right, it's a beautiful Christmas tree. T: And look. What can you see in the Christmas tree? T: Yes. It is a card. T: Look, this is a Christmas card. Let's listen. T: Look at the picture. Letter C says /k/, card, card. Can you read it?	在复习上节课圣诞节和新年单词句型过程中，让学生感知 v、w、x、y、z 字母的拼读规律	学习理解	复习旧知，为学习新知铺垫

续表

教学环节/目标	师生活动	设计意图	活动层次	评价效果
	T: Yes, you got it. There are some picture cards in the box. What's this?.../v/, /v/, vegetable, /w/, /w/ water, /z/, /z/ zoo. T: When can we get presents? ...New Year's Day. T: Happy New Year! Ss: You too! T: Here is a present for you. Ss: Thank you.	在复习上节课圣诞节和新年单词句型过程中，让学生感知v、w、x、y、z字母的拼读规律		复习旧知，为学习新知铺垫
Activity 3: 巩固相关的目标单词及句型	1. Role play. Scene 1: T: Look, Joy also gives a card to Andy. What can they say? Let's listen to them. Joy: Merry Christmas. Andy: You too. Joy: Here is a card for you. Andy: Thank you. T: Great. Scene 2: T: Look, Miss Wu is here. What does she give to the children? T: What are these? S1: They are cards. T: Yes. Wow, Miss Wu is giving cards to the children. T: Do you know what they will say? Now I will be Miss Wu. Boys and girls, you are the children. Let's have a try. T: Happy New Year. Ss: You too. T: Here are some cards for you. Ss: Thank you. 2. Show time	巩固新的单词和句型		学习新知
Activity 4: 了解更多新年文化	Know more about New Year. T: How do we celebrate New Year? OK, I'll help you. Let's have a look. (watch a video) T: People do a lot of things to celebrate New Year. Let's watch them one by one. (watch 1st video)	学生了解更多新年文化	拓展了解	学生拓展了解更多文化

续表

教学环节/目标	师生活动	设计意图	活动层次	评价效果
Activity 4: Extension 了解更多新年文化	T: People get together and count down together. Ok, everyone, read after me please. "Count down". T: Anything else? (watch 2nd video) T: People get together and have a party. Read after me please. "Have a party". What do they do at the party? T: Yes, people sing and dance together. Ok, please read after me. "Sing and dance". T: What else can we do? (watch 3rd video) T: We can watch fireworks. It's beautiful. Boys and girls, please read after me. "Watch fireworks". T: Wow, what a happy holiday! T: Well done, boys and girls. A happy face for you. You know all the answers now	学生了解更多新年文化		学生拓展了解更多文化
Activity 6: Summary and homework 学生理解作业内容	1. Listen and read the book of P46 to 48. 2. Talk about the difference of Christmas and New Years Day with your parents	布置课后作业巩固本课所学知识	课后巩固	检查学生掌握情况

3. 板书设计

```
        Unit 6 Happy holidays (Lesson 3)

  vegetables   water    box    yellow   zoo    G1   G2   G3   G4
     /v/        /w/     /x/     /y/     /z/    ★    ★    ★    ★

  A: Happy New Year.                                ★
  B: You too.
  A: Here is a present for you.
  B: Thank you.
```

4. 教学亮点

根据英语学习活动观，本课围绕圣诞节的主题设置了 chant、TPR 游戏、角色扮演等涉及学习理解、应用实践、迁移创新等不同认知层次的活动，让学生在已有的语音知识背景下，通过合作探究的方式在活动中学会表达节日祝福和感谢。

（四）第四课时

1. 课时内容分析

课时	第四课时：Lesson 4	时间	40 minutes
主题	复习旧知并读懂理解 Story	课型	复习课：绘本故事课
内容	Lesson 4　Review and rewards，story time		
教材分析	本课内容为 Lesson 4　Review and Rewards 是让学生复习巩固所学单词和句型，Story Time 是有关圣诞节的故事语篇，让学生感受圣诞节文化氛围，并应该懂得感谢我们身边送礼物的每一位"圣诞老人"。		
学生分析	通过一年级的学习，学生已经具备围绕部分日常话题进行简单的听说读写演的能力，学过打招呼和感谢等表达，通过本单元的学习，我们期待学生能够通过庆祝圣诞节的话题开展听说读写演的活动		
教学目标	1. Review the language points in this unit. 2. Be able to understand the story and act out the story. 3. Be able to act out the story		
重点	Be able to understand the story		
难点	Be able to act out the story		
教学策略	情景式教学法、交际式语言教学法、任务型教学法		
学习策略	任务型学习法、合作式学习法		
教学帮助	CD，PPT，Pictures		

2. 教学活动设计及评析

教学环节/目标	师生活动	设计意图	活动层次	评价效果
Activity 1: 复习所学单词句型，为掌握绘本故事理解做铺垫	1. Play a passing game. Review the words and sentence patterns. 2. Finish the task on P49	通过游戏活跃课堂气氛并引出教学主题	学习巩固	学生能够通过游戏复习本单元重点知识点

续表

教学环节/目标	师生活动	设计意图	活动层次	评价效果
Activity 2: 绘本阅读前的猜想	1. Show a picture of P51. T: Look, Father Christmas is so tired. Why is he so tired? Let's have a look. T: Why is he so tired? S1: Because he sends presents to the boys and girls. T: Yes. He is so kind. Thank you, Father Christmas	培养学生猜想绘本故事的能力、读图能力	推理，猜想	通过读图，猜测故事内容
Activity 3: 巩固相关的目标单词及句型	T: Now it's time to read the story. 1. Based on the questions, look at the pictures and predict the story. Picture 1：What festival is it? How do you know that? Picture 2：Who's he? What's in the bag? What is he going to do? 2. Read the story quickly, get the main idea of the story. 3. Picture tour. Picture 1：What festival is it? Picture 2：Who's he? What is Father Christmas going to do? Picture 3：Father Christmas says to the girl, "Here's a present for you." What present is it? How does the girl feel? What does she say to Father Christmas? Picture 4：Father Christmas says to the boy, "Here's a present for you." What present is it? How does the boy feel? What does he say to Father Christmas? Picture 5：Father Christmas says to the second boy, "Here's a present for you." What present is it?	带着图片，阅读理解故事情节	学习理解	锻炼阅读理解能力

续表

教学环节/目标	师生活动	设计意图	活动层次	评价效果
	How does the boy feel? What does he say to Father Christmas? Picture 6: Is it still evening? Father Christmas says to the third boy, "Here's a present for you." What present is it? How does the boy feel? What does he say to Father Christmas? Picture 7: Father Christmas goes home in the morning. He says "Merry Christmas!" to himself. Picture 8: He goes to bed and says "Happy New Year". 4. Watch the video of the story. 5. Listen and repeat the story	带着图片，阅读理解故事情节	学习理解	锻炼阅读理解能力
Activity 4: 理解故事并进行角色扮演，提升口头表达能力	1. Act out the story. 2. Summarize the stroy and sing a song: Jingle Bells	学生读懂绘本的寓意，通过角色扮演锻炼口头表达能力	应用实践	学生能够理解绘本中的寓意，学会感恩，能正确读出绘本中的句子并展示
Activity 5: Summary and homework	1. Listen and read the book of P50 to 51 three times. 2. Act out the story for your parents	布置课后作业巩固本课所学知识	课后巩固	检查学生掌握情况

3. 板书设计

Unit 6 Happy holidays (Lesson 4)

G1		G2		G3		G2
1	→	2	→	3	→	4
						↓
8		7		6		5

4. 教学亮点

根据英语学习活动观，本课围绕圣诞节的主题设置了 chant、TPR 游戏、角色扮演等涉及学习理解、应用实践、迁移创新等不同认知层次的活动，让学生在已有的语音知识背景下，通过合作探究的方式在活动中学会表达节日祝福和感谢。

教学案例 4　人教版（新起点）二年级下册 Unit 6 My week

一、课时内容分析

单元主题	正确询问时间、星期并会回答，培养时间观念
主题意义分析	本单元是人教版《英语》（一年级起点）二年级下册 Unit 6 My week。围绕单元主题，Lesson 1 掌握星期的说法，了解一周 7 天。Lesson 2 学习询问星期的对话。Lesson 3 学习询问时间、星期并会回答，培养时间观念。Review and reward 能和同伴谈论自己喜欢的课程和星期几。Story time 是关于朋友之间增进感情的故事，互相帮助一同玩乐，善于发现新朋友的优点，增进友谊。我们将围绕主题语境，设计课堂教学的目标、内容和活动，在真实情景中开展教学，引领学生语言能力、思维品质、文化意识和学习能力的融合发展
教材分析	本单元教材内容为人教版《英语》（一年级起点）二年级下册 Unit 6 My week 这一单元。本单元由单元封面、Lesson 1、Lesson 2、Lesson 3、Review and rewards 以及 story 各个板块组成。Lesson 1 呈现了星期的单词 Monday、Tuesday、Wednesday、Thursday、Friday、Saturday 和 Sunday，要求能在恰当的情景中运用 7 个词汇，并用句型 "It's…" 说出来。Lesson 2 学会读一周 7 天的英语名称单词和相应的缩写形式，要求掌握句型 "What day is it? It's …"。Lesson 3 要求学会询问时间并回答，要求掌握 "What day is it today? It's Wednesday. What time is it? It's 9:00. Let's fly a kite." 以及 v、w、x、y、z 字母的发音规律。Review and rewards 是让学生复习巩固所学单词和句型。Story time 是关于朋友之间增进感情的语篇。教材内容课与课之间联系紧密、层层递进，从单词、句子、对话到短文、故事以及拓展训练，文本材料内容逐渐丰富，主题也逐渐深入
学生分析	本单元的教学对象为小学二年级学生，年龄在 7 到 8 岁之间。通过一年级和二年级上册的学习，学生已经具备围绕部分日常话题进行简单的听说读演的能力，通过本单元的学习，我们期待学生能够正确询问时间、星期并会回答，以时间为话题开展听说读演的活动，培养时间观念，懂得与朋友交往，增进友谊

续表

单元整体目标	语言能力目标： 1. 能够正确询问时间、星期并会回答。 2. 能够掌握 v、w、x、y、z 字母的拼读规律。 学习能力目标： 1. 有积极主动的学习态度，能主动参与语言实践。 2. 能自主探究，合作学习。 3. 能够将自然拼读规律应用于平时的阅读，提高阅读水平。 思维品质目标： 理解不可以偏概全的概念，通过阅读的思考和讨论活动提高自己的批判性思维。 文化意识目标： 培养时间观念，懂得与朋友交往，增进友谊
教学重、难点	教学重点： 1. 能够理解运用所学星期和时间的单词表达。 2. 能够理解运用核心句型表达星期和时间。 3. 能够阅读并理解本单元的对话、故事的语篇材料。 4. 能够掌握字母 w 和 x 的拼读规律。 教学难点： 1. 同时进行星期和时间的询问并回答。 2. 能够理解 Story Time 的故事并通过反思和讨论读懂故事蕴含的道理
教学方法、策略	情景式教学法、交际式语言教学法、任务型教学法

二、单元课时安排与课时主题、目标分析

序号	课时安排	上课内容板块划分	课时主题	分课时教学目标
1	第一课时	Lesson 1	掌握星期的单词，懂得表达星期	1. 能够掌握星期的单词 Monday、Tuesday、Wednesday、Thursday、Friday、Saturday 和 Sunday。 2. 能够在恰当的情景中运用 7 个词汇，并用句型"It's..."表达星期。 3. 能够演唱本课的歌曲并进行表演。 4. 能够了解一周 7 天的时间
2	第二课时	Lesson 2	了解一周 7 天的表达	1. 能够理解并在正确的场合运用核心句型"What day is it? It's..."。 2. 能够流利读本课的对话并进行表演。 3. 能够培养时间观念

续表

序号	课时安排	上课内容板块划分	课时主题	分课时教学目标
3	第三课时	Lesson 3	了解并珍惜时间	1. 能够掌握"What day is it today? It's Wednesday. What time is it? It's 9:00. Let's fly a kite."。 2. 能够了解并珍惜时间。 3. 能够掌握 v、w、x、y、z 字母的拼读规律
4	第四课时	Review and rewards	复习巩固,白雪公主和七个小矮人关于时间的情境	1. 能够阅读并理解故事。 2. 能在语境中听懂、认读和识别了解圣诞节文化,做到发音准确。 3. 能够理解并运用核心句型表达时间
5	第五课时	Story time	朋友相处融洽,增进友谊	1. 能够描述时间。 2. 能够表达相应的活动。 3. 能够懂得与朋友相处融洽,增进友谊。 4. 能够培养时间观念

三、分课时设计

(一)第一课时

1. 课时内容分析

课时	第一课时:Lesson 1	时间	40 minutes
主题	认识并描述星期的说法	课型	新授课:词汇、句型
内容	Lesson 1: A. Look, listen and sing.　B. Do and say.　C. Listen and sing again		
教材分析	本课内容为 Lesson 1,有关星期的 7 个词汇:Monday、Tuesday、Wednesday、Thursday、Friday、Saturday 和 Sunday;句型:"It's ..."		
学生分析	通过一年级和二年级上册的学习,学生已经具备围绕部分日常话题进行简单的听说读演的能力。通过本单元的学习,我们期待学生能够正确询问时间、星期并会回答		
教学目标	1. 能够听懂、会说有关星期的 7 个词汇:Monday、Tuesday、Wednesday、Thursday、Friday、Saturday 和 Sunday,并尝试借助图片和首、尾字母的提示整体识别单词。 2. 能够和同伴合作将打乱顺序的 7 个表示星期的单词排序,并用句型"It's ..."依次说出来。 3. 能够跟随录音大胆模仿演唱歌曲		
重点	学习一周 7 天的英语名称单词和它们的缩写形式		

续表

难点	星期单词较长,学生读有难度。Sunday 和 Saturday 容易混;Tuesday 和 Thursday 容易混;Wednesday 词比较长,由于字母 d 单词中不发音,学生在拼写时容易出现书写错误
教学策略	情景式教学法、交际式语言教学法、任务型教学法
学习策略	任务型学习法、合作式学习法
教学帮助	CD,PPT,Pictures

2. 教学活动设计及评析

教学环节/目标	师生活动	设计意图	活动层次	评价效果
Activity 1:复习旧知	1. Greeting. 2. Review eight curriculum words. (1) Look and say. (2) Look and read	通过图片,实物,PPT和师生表演,激发学生兴趣	学习理解	学生看图认读课程单词,为后面观察运用英语课程表做铺垫
Activity 2:通过聆听歌曲,切入主题	1. Watch and listen to a song about days of a week. 2. Teacher asks: How many days are there in a week? What are they? Look and listen. 3. Listen again, look at teacher's fingers	利用歌曲有趣的动画和欢快的节奏,让学生视听结合,直接切入主题。通过提问和指令,培养学生观察和倾听的习惯		能够掌握单词的意思并熟练地朗读单词;能够看图快速读出单词,加强语音的输入和词义的理解
Activity 3:让学生模仿7个单词的发音并掌握其含义	1. Listen, repeat and show your fingers. 2. Follow T to read the words on the blackboard, using phonics; practice group by group, two by two, one by one and together. 3. Teacher reads the words on the blackboard once, Ss read twice. 4. Teacher points to the words in random order, Ss read once. 5. Teacher says one day, Ss say the next day. 6. Tell Tuesday and Thursday, tell Saturday and Sunday.	让学生学会用自然拼读法认读单词;用不同的方法操练7个单词,用不同的方法让学生熟练认读7个单词,并注重音、形、义的结合和易混词的区分。让学生了解认读7个单词的缩写形式	应用实践	运用游戏和歌谣将7个单词排序,增强趣味性,既让学生放松,又能加强新单词音、形、义的训练

145

教学环节/目标	师生活动	设计意图	活动层次	评价效果
	7. Play a game: 7 children come to the front, take a card one by one; teacher asks, "What day is it?" Students answer, "It's ….". Then have 7 children put 7 cards back in order. Students clap and say: Sunday, Sunday, it's Sunday… 8. 7 children come to the front, put the small cards of 7 words' abbreviation in the right place. 9. Game: What's missing? Have s/Ss look and answer: It's …			
Activity 4: 设置情景拓展运用目标词汇	1. Watch a story about Mike's week; Answer the questions. 2. Talk about the calendar and photos. Teacher describes the pictures and asks, "What day is it?" Students answer, "It's … ." 3. Look at a school timetable, I tell my favorite class and my favorite day; Then watch a video of two Students; Then draw ☺ after your favorite class and favorite day; Finally, talk with your partner: I like… I like… How about you?	设置故事情景，拓展语言素材，练习并运用有关星期的词汇，让学生会认读、运用英语课程表，并能和同伴谈论自己喜欢的课程和星期几。结合生活情景，将有关星期的词汇运用于句型It's …	应用实践	培养孩子们的观察、运用、合作和表达能力
Activity 5: Summary and homework	1. Homework. Ask your parents and friend: What's your favorite day? Draw ☺ in the blank. 2. Emotional education: Please love 7 days in a week. Be happy every day	总结本课学习内容，布置课后作业	迁移创新	德育教育，学以致用，增强与父母、朋友之间的交流

3. 板书设计

	My Week	
	Sunday	
	Monday	
	Tuesday	
It's	+ Wednesday	.
	Thursday	
	Friday	
	Saturday	

4. 教学亮点

根据英语学习活动观，本课围绕星期的主题设置了 chant、TPR 游戏、学习理解、应用实践、迁移创新等不同认知层次的活动，让学生在已有的语音知识背景下，通过合作探究的方式在活动中学会表达星期。

5. 教学反思

"分层教学"的理念更能兼顾不同学习水平的同学去掌握本课知识。

(二) 第二课时

1. 课时内容分析

课时	第二课时：Lesson 2	时间	40 minutes
主题	认识并掌握表达新年祝福和答谢	课型	新授课：词汇、句型
内容	Lesson 2: A. Look, listen and repeat. B. Let's play.		
教材分析	本课内容为 Lesson 2，再次加深学习一周 7 天的英语名称，要求掌握 "What day is it today? It's Thursday."		
学生分析	通过一年级和二年级上册的学习，学生已经具备围绕部分日常话题进行简单的听说读演的能力。通过本单元的学习，我们期待学生能够正确询问时间、星期并会回答		
教学目标	1. Be able to study and understand the important sentence. 2. Be able to replay and describe the day by the new sentences		
重点	Be able to read and use the patterns to communicate		
难点	Be able to ask and answer the patterns: "What day is it today? It's Thursday."		
教学策略	情景式教学法、交际式语言教学法、任务型教学法		
学习策略	任务型学习法、合作式学习法		
教学帮助	CD, PPT, Pictures		

2. 教学活动设计及评析

教学环节/目标	师生活动	设计意图	活动层次	评价效果
Activity 1: 复习旧知，引入主题	1. Greeting T: Good morning boys and girls. Ss: Good morning teacher. T: Nice to meet you! Ss: Nice to meet you, too! T: What's the weather like today? Ss: It's _____. 2. Review the words: Monday, Tuesday, Wednesday, Thursday, Friday, Saturday, Sunday. Show word cards and read them one by one. 3. Show some pictures and ask. T: How many days are these of a week? Students could answer the teacher's question	通过歌曲活跃课堂气氛并引出教学主题	学习理解	学生能够愉悦地演唱表演歌曲，能够通过问答猜测到本课的教学主题
Activity 2: 通过观看，聆听故事，理解询问星期的句型	1. Teacher will let students watch the subject pictures and ask teacher's question. T: Who are they? Where are they? 2. Teacher lets students watch the cartoon and answer teacher's question. T: What day is it? Students could answer the question. 3. Teacher will let students read the new sentences after the tape. 4. Students will read the important sentences loudly	复习上节课星期单词句型	学习巩固	复习旧知，为学习新知铺垫

续表

教学环节/目标	师生活动	设计意图	活动层次	评价效果
Activity 3: 在情景中操练运用所学句型	1. Play a game. Students will choose the word card and ask the question. 2. Teacher will students let act the dialogue by the word cards. 3. Sing a song	练习巩固	学习理解	练习巩固
Activity 4: 角色扮演提升表达能力	1. Take out students' word cards and let's play. S1: What day is it? S2: It's _____. 2. Let students read the right calendar	学生学会通过角色扮演和游戏用所学句型，练习星期的询问和回答	应用实践	学生学会运用所学句型
Activity 5: Summary and homework	Listen to the tape and read after it on P47.	总结与作业	拓展学习	学生能复习巩固所学知识

3. 板书设计

```
        What day is it today?
It's Monday.
Team:      A      B      C      D
                 ☺     ☺            ☺
                 ☺
```

4. 教学亮点

根据英语学习活动观，本课围绕星期的主题设置了 chant、TPR 游戏、学习理解、应用实践、迁移创新等不同认知层次的活动，让学生在已有的语音知识背景下，通过合作探究的方式在活动中学会关于星期的问与答。

(三) 第三课时

1. 教学设计

课时	第三课时：Lesson 3	时间	40 minutes
主题	掌握 v、w、x、y、z 字母的发音规律和书写	课型	新授课：语音词
内容	Lesson 3：A. Choose, write and say.　B. Let's write		
教材分析	本课内容为 Lesson 3 呈现了星期和时间的对话，要求掌握 v、w、x、y、z 字母的发音规律和书写		
学生分析	通过一年级和二年级上册的学习，学生已经具备围绕部分日常话题进行简单的听说读演的能力，通过本单元的学习，我们期待学生能够正确询问时间、星期并会回答		
教学目标	1. Be able to recognize and write the letter V, W, X, Y, Z correctly in air. 2. Be able to recognize and read the words vegetable, water, box, yellow, zoo		
重点	1. Be able to write the letters correctly in air. 2. Be able to read out the words begin with v, w, x, y, z		
难点	Be able to recognize the capital and small forms of the letter Vv, Ww, Xx, Yy, Zz.		
教学策略	情景式教学法、交际式语言教学法、任务型教学法		
学习策略	任务型学习法、合作式学习法		
教学帮助	CD，PPT，Pictures		

2. 教学活动设计及评析

教学环节/目标	师生活动	设计意图	活动层次	评价效果
Activity 1：复习旧知，引入主题	1. Greeting. 2. Sorting game. Teacher said something about the week words, students continue. 3. Pair work. Teacher show some word cards and students make the new dialogue. 4. Sing a song	通过歌曲活跃课堂气氛并引出教学主题	学习理解	学生能够愉悦地演唱表演歌曲，能够通过歌曲猜测到本课的教学主题

续表

教学环节/目标	师生活动	设计意图	活动层次	评价效果
Activity 2: 感知 v、w、x、y、z 字母的发音	1. Teacher shows the situation picture and ask some question. Q1: Who are they? Q2: What can you see in the picture? Q3: What can he/she do? 2. Let students watch the cartoon and act the dialogue. 3. Students could communicate functional sentences fluently in the situation. 4. Teacher shows the letter cards and read it	在复习上节课单词句型过程中，让学生感知 v、w、x、y、z 字母的发音		复习旧知，为学习新知铺垫
Activity 3: 情景中学习和运用新句型	1. Students look at the white board and copy letters. 2. Teacher helps students find missing letters. 3. Make the new dialogue by the pictures. S1: What day is it? Students look at the picture and speak the right week. Students could speak their favourite activities. 4. Sing a song together	巩固新的单词和句型		学习新知
Activity 4: 收集生活中看到的字母，了解文化	Students read and write the letter on their notebook	学生了解更多新年文化	拓展了解	学生拓展了解更多文化
Activity 5: Summary and homework	1. Listen to the tape and read after it on P48. 2. Students copy the letters form Vv to Zz	布置课后作业巩固本课所学知识	课后巩固	检查学生掌握情况

3. 板书设计

```
           Unit6 My week (Lesson 3)
     Vv      Ww      Xx      Yy      Z z
  vegetable  water   box   yellow   zoo    G1   G2   G3   G4
       What time is it? It's 8:00. It's time to…   ★    ★    ★    ★
                                                        ★
```

4. 教学亮点

根据英语学习活动观，本课围绕星期的主题设置了 chant、TPR 游戏、学习理解、应用实践、迁移创新等不同认知层次的活动，让学生在已有的语音知识背景下，通过合作探究的方式在活动中学会询问时间，并掌握 v、w、x、y、z 字母的拼读规律及其书写。

（四）第四课时

1. 教学设计

课时	第四课时：lesson 4	时间	40 minutes
主题	复习旧知	课型	复习课
内容	Lesson 4：Review and rewards		
教材分析	本课内容为 Lesson 4 Review and rewards 是让学生复习巩固所学单词和句型		
学生分析	通过一年级和二年级上册的学习,学生已经具备围绕部分日常话题进行简单的听说读演的能力，通过本单元的学习，我们期待学生能够正确询问时间、星期并会回答		
教学目标	1. Review the language points in this unit. 2. Take an oral test		
重点	The phrases, patterns and letters of this unit		
难点	Finish the oral test confidently		
教学策略	情景式教学法、交际式语言教学法、任务型教学法		
学习策略	任务型学习法、合作式学习法		
教学帮助	CD，PPT，Pictures		

2. 教学活动设计及评析

教学环节/目标	师生活动	设计意图	活动层次	评价效果
Activity 1: 导入课堂	1. Greeting. 2. Sing a song	通过歌曲活跃课堂气氛并引出教学主题		学生能够愉悦地演唱表演歌曲，能够通过歌曲猜测到本课的教学主题
Activity 2: 复习旧知，引入课题	1. Review the words by flash cards. 2. Review the patterns by doing action	复习本课单词句型过程	学习理解	复习旧知，为学习新知铺垫
Activity 3: 在情景中学习运用新句型	1. Students look at the white board and copy letters. 2. Teacher help students find missing letters. 3. Make the new dialogue by the pictures. S1: What day is it? Students look at the picture and speak the right week. Students could speak their favourite activities. 4. Sing a song together	巩固新的单词和句型		学习新知
Activity 4: 口头表达，检查学生对知识的掌握程度	1. Have an oral test and check the understanding. 2. Give assessment to students	学生了解更多新年文化	拓展了解	学生拓展了解更多文化
Activity 5: Summary and homework	Listen and read Unit 6 for three times	布置课后作业巩固本课所学知识	课后巩固	检查学生掌握情况

3. 板书设计

				G1	G2	G3	G4
Unit6 My week (Lesson 4)							
What day is it today? It's…				★	★	★	★
Sunday	Monday	Tuesday	Wednesday		★	★	
	Thursday	Friday	Saturday		★		

4. 教学亮点

根据英语学习活动观，本课围绕星期的主题设置了 chant、TPR 游戏、学习理解、应用实践、迁移创新等不同认知层次的活动，让学生在已有的语音知识背景下，通过合作探究的方式在活动中复习本课知识。

（五）第五课时

1. 教学设计

课时	第五课时：Lesson 5	时间	40 minutes
主题	复习旧知并读懂理解故事	课型	复习课：故事绘本课
内容	Lesson 5：Story time		
教材分析	本课内容为 Lesson 4 Story time 是有关朋友相处融洽的故事语篇，让学生懂得与朋友和谐相处，增进友谊		
学生分析	通过一年级和二年级上册的学习，学生已经具备围绕部分日常话题进行简单的听说读演的能力，通过本单元的学习，我们期待学生能够正确询问时间、星期并会回答，并能介绍在相应时间的活动		
教学目标	1. 复习本单元语言知识点。 2. 理解故事，并能表演出来		
重点	理解故事		
难点	表演故事		
教学策略	情景式教学法、交际式语言教学法、任务型教学法		
学习策略	任务型学习法、合作式学习法		
教学帮助	CD，PPT，Pictures		

2. 教学活动设计及评析

教学环节/目标	师生活动	设计意图	活动层次	评价效果
Activity 1: 复习所学单词句型，为掌握绘本故事理解做铺垫	1. Play a passing game. Review the words and sentence patterns. 2. Finish the task on P49	通过游戏活跃课堂气氛并引出教学主题	学习巩固	学生能够通过游戏复习本单元重点知识点
Activity 2: 共读封面，初步获取故事内容	1. Chant. 2. Sing a song. 3. Review the key words and patterns by doing action	培养学生猜想绘本故事的能力、读图能力	推理、猜想	通过读图，猜测故事内容
Activity 3: 图片环游，理解故事内容	1. Lead in the story. T: Look at the pictures. It's Monday today. Bill, Andy and Binbin are playing football on the playground. Look at this boy. He is Mike. Is he happy? Why doesn't he play football with Bill, Andy and Binbin? Let's listen to the story. Let's listen. What are they talking about? 2. Play the video of the story for once. 3. Have students think about the question and listen again. (1) Can Mike and Bill play football? (2) Can Lily fly a kite? (3) Do Mike and Binbin make model planes? (4) Are they happy?	带着图片，阅读理解故事情节	学习理解	锻炼阅读理解能力
Activity 4: 表演故事，实践应用	1. Read after the video sentence by sentence and do action. 2. Act out the story in front of the class in group. 3. Invite some groups to perform in front	学生读懂绘本的寓意，通过角色扮演锻炼口头表达能力	应用实践	学生能够理解绘本中的寓意，学会感恩，能正确读出绘本中的句子并展示
Activity 5: Summary and homework	1. Listen and read on P46-51 for three times. 2. Act out the story	布置课后作业巩固本课所学知识	课后巩固	检查学生掌握情况

3. 板书设计

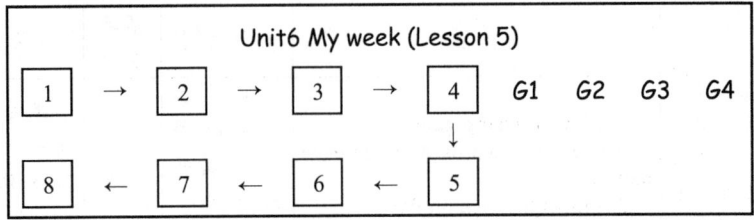

4. 教学亮点

根据英语学习活动观，本课围绕星期的主题设置了 chant、TPR 游戏、学习理解、应用实践、迁移创新等不同认知层次的活动，让学生在已有的语音知识背景下，通过合作探究的方式在活动中复习本课知识并理解故事绘本的寓意。

教学案例 5　人教版（新起点）三年级上册 Unit 2 My body

一、课时内容分析

单元主题	正确认识自己的身体，关心自己，爱护他人
主题意义分析	本单元是人教版《英语》（一年级起点）三年级上册 Unit 2 My body。围绕单元主题，Lesson 1 学习身体部位单词和描述身体部位的句型，通过谈论身体，让学生认识到每个人都是独特的，能悦纳自我。Lesson 2 学习当他人身体受伤时该如何表达和回应，学习关心自己，爱护他人。Lesson 3 是记录身体受伤的一天的短文语篇，记录和表达受伤的感受。Fun time 拓展到描述动物身体部位，强调人与动物身体部位的异同。Story time 是有关盲人摸象的故事语篇，学会全面考虑问题。我们将围绕主题语境，设计课堂教学的目标、内容和活动，在真实情景中开展教学，引领学生语言能力、思维品质、文化意识和学习能力的融合发展
教材分析	本单元教材内容为人教版《英语》（一年级起点）三年级上册 Unit 2 My body，由单元封面、Lesson 1、Lesson 2、Lesson 3、Let's spell、Let's check、Fun time，以及 Story time 各个板块组成。Lesson 1 为 Body parts，描述身体部位的句型 "I have a body, two legs and two feet."。Lesson 2 为当他人身体受伤时表达和回应关心的对话。Lesson 3 是记录身体受伤的一天的短文语篇。语音部分是 Let's spell 部分有关元音字母和辅音字母组合 ed、et 的单词拼读和小诗。Let's check 为听力和书写练习。Fun time 拓展到描述动物的身体部位以及画出自己心目中的宠物并描述其身体部位。Story time 是有关盲人摸象的故事语篇。教材内容课与课之间联系紧密、层层递进，从单词、句子、对话，到短文、故事以及拓展训练，文本材料内容逐渐丰富，主题也逐渐深入

续表

学生分析	本单元的教学对象为小学三年级学生，年龄在8到9岁之间。 通过一、二年级的学习，学生已经具备围绕部分日常话题进行简单听说读写演的能力，学过有关身体五官的词汇和表达，还学过高矮胖瘦的形容词汇。通过本单元的学习，我们期待学生能够描述并形容自己的身体部位，能够就身体部位受伤的话题开展听说读写演的活动
单元整体目标	语言能力目标： 1. 能够理解运用所学的有关身体部位的词汇和句型描述自己的身体。 2. 能够在他人身体受伤时询问并回应，记录自己受伤的经历及感受。 3. 能够谈论动物身体并理解盲人摸象的故事。 4. 能够掌握元音字母 e 和辅音字母 t/d 的字母组合的拼读规律。 学习能力目标： 1. 有积极主动的学习态度，能主动参与语言实践。 2. 能自主探究，合作学习。 3. 能够将自然拼读规律应用于平时的阅读，提高阅读水平。 思维品质目标： 理解不可以偏概全的概念，通过阅读的思考和讨论活动提高自己的批判性思维。 文化意识目标： 1. 能够悦纳自我，认识到每个人都是独特的。 2. 了解动物和人类身体部位的异同，养成爱护动物的意识
重点	1. 能够理解运用所学的身体部位的词汇和句型描述自己的身体部位。 2. 能够理解运用核心句型在自己或者朋友身体受伤时询问和回应关心。 3. 能够阅读并理解本单元的对话、故事的语篇材料。 4. 能够掌握元音字母 e 和辅音字母 t/d 的字母组合的拼读规律
难点	1. 设计自己喜爱的宠物的海报并进行描述。 2. 能够理解 Story time 的故事并通过反思和讨论读懂故事蕴含的道理
教学方法、策略	情景式教学法、交际式语言教学法、任务型教学法

二、单元课时安排与课时主题、目标分析

序号	课时安排	上课内容板块划分	课时主题	分课时教学目标
1	第一课时	Lesson 1	认识并描述自己的身体部位	1. 能够理解并运用所学的有关身体部位的词汇（head, hair, hand, arm...）和句型（I have a body）描述自己的身体部位。 2. 能够演唱本课的歌曲并进行表演。 3. 能够接纳并欣赏自己的身体，意识到每个人都是独特的
2	第二课时	Lesson 2	关心自己、爱护他人	1. 能够理解并在正确的场合运用核心句型"What's the matter?" "My ... hurts." 2. 能够流利读本课的对话并进行表演。 3. 能够关心他人的身体并且表达自己的身体不适
3	第三课时	Lesson 3	记录和描述受伤经历	1. 能够正确记录和描述受伤的感受。 2. 能够提出建议，避免受伤
4	第四课时	Fun time and story time	认识和描述动物身体	1. 能够阅读并理解 Story time 有关盲人摸象的故事。 2. 能在语境中听懂、认读和识别关于动物身体的词汇，做到发音准确。 3. 能够理解并运用核心句型描述动物的身体。 4. 能够通过阅读，理解不可以偏概全的概念。 5. 能够通过阅读的思考和讨论活动，提高自己的批判性思维
5	第五课时	Let's check	保护身体	1. 能够描述身体。 2. 能够询问受伤及表达关心。 3. 能够制作校园安全书，提出建议，防止受伤。 4. 能够意识到校园安全隐患
6	第六课时	Let's spell	认识掌握 et/ed 的拼读规律并在阅读中运用该规律	1. 能掌握 et、ed 的发音。 2. 能运用 et、ed 的拼读规则去读故事。 3. 能流利地读单词和唱歌谣。 4. 能有意识地保持干净和整洁

三、分课时设计

（一）第一课时

1. 课时内容分析

课时	第一课时：Lesson 1	时间	40 minutes
主题	认识并描述自己的身体部位	课型	新授课：词汇、句型
内容	Lesson 1：A. Look, listen and say / B. Talk and tick or cross. / C. Let's write		
教材分析	本课内容为 Lesson 1，教材的主要内容是有关身体部位的核心词汇，用以描绘身体部位的句型 I have ...以及歌曲。根据教材内容，我们将本课的主题定为认识并描绘自己的身体部位		
学生分析	学生在此前学过有关身体五官的词汇和表达，还学过高矮胖瘦的形容词汇，与本单元有关身体部位的语言内容联系密切，通过本课的学习，我们期待学生能够描述并形容自己的身体部位		
教学目标	（1）能够理解并运用所学的有关身体部位的词汇（head, hair, hand, arm...）和句型（I have a body）描述自己的身体部位。 （2）能够演唱本课的歌曲并进行表演。 （3）能够接纳并欣赏自己的身体，意识到每个人都是独特的		
重点	理解并运用所学的有关身体部位的词汇（head, hair, hand, arm...）和句型（I have a body）描述自己的身体部位		
难点	理解并运用有关名词单/复数的语法		
教学策略	情景式教学法、交际式语言教学法、任务型教学法		
学习策略	任务型学习法、合作式学习法		
教学帮助	CD, PPT, Pictures		

2. 教学活动设计与评析

教学环节/目标	师生活动	设计意图	活动层次	评价效果
Activity 1：通过歌曲复习身体部位并展示教学主题	1. Greeting. Teacher greets the students: Good morning. How are you? 2. Sing a song. Teacher invites students to sing the song "Head, shoulders, knees and toes". 3. Lead into the topic. Teacher asks students to predict the lesson topic from the song and present the topic about body	通过歌曲活跃课堂气氛并引出教学主题。	学习理解	学生能够愉悦地演唱表演歌曲，能够通过歌曲猜测到本课的教学主题

续表

教学环节/目标	师生活动	设计意图	活动层次	评价效果
Activity 2: 准确读出目标单词并理解词义	1. Present the new vocabulary. Teacher show different body parts and present the new words about body parts. 2. Draw attention to the grammar. Show a single hand and two hands to draw students' attention to the single and plural forms of nouns. 3. Play a game. Teacher invites students to play a TPR game (Simon says)	呈现有关身体部位的新单词，引导学生关注名词单复数，通过TPR游戏巩固学生对单词的理解和掌握		能够掌握单词的意思并熟练地朗读单词；能够看图快速读出单词，能够根据教师的指令触摸自己的身体部位
Activity 3: 通过角色扮演，熟悉语用目标单词及句型	1. Present the dialogue. Teacher presents the dialogue on the textbook. T: Now we have learned about the body parts. Look, the children are talking about their body parts. Let's have a look. 2. Q&A based on the dialogue. Teacher asks students some questions based on the dialogue. Who has three heads? Who has black hair? 3. Role play. Teacher asks students to have a role play. 4. A chant. Teacher asks students to learn the chant on the textbook	呈现重点句型 I have...通过角色扮演让学生熟悉句型表达，另外通过小诗巩固单词和句型		学生能够分角色表演对话，能够有节奏地唱诵小诗
Activity 4: 能够介绍自己，悦纳自己	1. Perform. Teacher asks students to talk about their body parts by showing a demo. T: Look, I have black hair. I have two big hands. I have two strong arms... 2. Affective education. Teacher leads students to realize that everybody is unique. We should love ourselves and care about our bodys	学生学会介绍自己的身体部位，并意识到每个人都是不同且独一无二的，我们要学会关心自己的身体	应用实践	学生能够介绍自己的身体部位

续表

教学环节/目标	师生活动	设计意图	活动层次	评价效果
Activity 5: 能灵活介绍自己及他人	1. Summary. Teacher summarizes what we have learned today. 2. Homework. Teacher assign the homework. Draw a picture of yourself and talk about your body parts. Take a photo of yourself and talk about your body parts	总结本课学习内容，布置课后作业	迁移创新	学生能够画出自画像并向他人用英语介绍自己

3. 板书设计

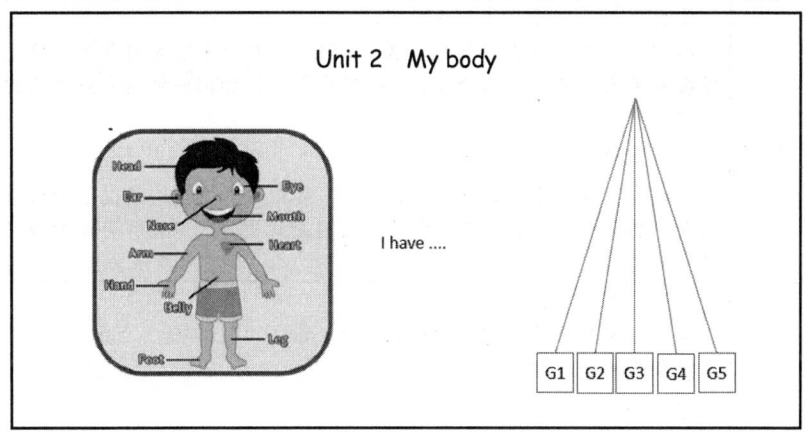

4. 教学亮点

根据英语学习活动观，本课围绕"认识并描述自己的身体部位"的主题设置了chant、TPR游戏、自我介绍身体部位，画图介绍自己的身体部位涉及学习理解、应用实践、迁移创新等不同认知层次，让学生在已有的语音知识背景下，通过合作探究的方式在活动中学会介绍自己的身体部位，并意识到每个人的身体都是不同且独特的，并学会爱惜自己的身体。

5. 教学反思

本节课，基础好的学生能得到很好的训练，但基础不好的学生会感到压力很大。教师在活动设计时，应考虑水平分级的问题，体现"分层教学"的理念。

（二）第二课时

1. 课时内容分析

课时	第二课时：Lesson 2	时间	40 minutes
主题	Caring about others' bodies	课型	新授课
内容	Lesson 2: A. Look, listen and repeat.　B. Let's talk.　C. Let's write		
教材分析	What?（主题意义和主要内容） 主题：关心他人身体 内容：关于关心他人身体的对话 Why?（探索意图） 学完本课，学生将学会在他人受伤的情况下如何询问和应答，并且表达遗憾的情绪。 How?（文本结构和语言修辞） 句型：What's the matter? My ... hurts		
学生分析	学生在学习本课前已有的知识： 根据维果茨基潜在开发区理论（ZPD），第一课学生的背景知识是已掌握有关身体部位表达的词汇，同时他们知道如何向他人介绍自己的身体部位。 学习本课后能达到的潜在能力： 经过本节课的学习活动，学生应该学会在他人受伤的情况下如何提问以及应答，并且知道如何使用关键句型表达遗憾。他们的会话能力将会进一步发展		
教学目标	语言能力目标： 学生能够掌握关键句型"What's the matter?""My ... hurts."，并且能在恰当的场合运用。 学习能力目标： 学生能够在小组活动中提升语言沟通和合作的能力，并能在自我评估环节提升自我评价能力。 思维品质目标： 学生能够发展他们的创造性思维。 文化意识目标： 学生能够关心他人并恰当地表达自己		
重点	运用句型"What's the matter?""My... hurts."		
难点	掌握请假的对话		
教学策略	交际式语言教学法、任务型教学法、情景式教学法		
学习策略	互动与合作学习		
教学帮助	多媒体		

2. 教学活动设计与评析

教学环节/目标	师生活动	设计意图	活动层次	评价效果
Activity 1: 复习旧知，活跃课堂气氛	1. Free talk. 2. Have a chant. Teacher leads students to chant about body. 3. Find and say. Teacher plays a game *Do and say* with students. 4. Draw and say. Teacher draws a picture of Joy and leads students to say the words about her body	1. 活跃课堂氛围； 2. 复习学过的单词和句子； 3. 引出本课主题	学习理解	学生能够说出关于身体的词汇
Activity 2: 通过聆听故事，初步理解文本大意	1. Watch and tell. Teacher leads students to watch the video and answer the question "What's the matter?". 2. Present the key sentences. Teacher teaches the key sentences and leads students to write the sentences on the textbook. 3. Read after the video. Teacher leads students to read the dialogue after the video. 4. Role play	1. 呈现会话； 2. 通过角色扮演环节来评估学生对对话的理解		学生能够使用关键句型询问他人身体并应答

续表

教学环节/目标	师生活动	设计意图	活动层次	评价效果
Activity 3: 情境中实践应用	1. Ask and answer. Teacher shows different pictures and leads students to ask and answer in groups. A: What's the matter? B: My ... hurts. 2. Judge. Teacher shows students different situations and let students to judge whether they can use the sentences or not. 3. Affective education. Teacher leads students to know that we should learn to express our feelings and care about others	1.为学生提供在别人受伤时表达关心、询问及应答并且表达遗憾的情境; 2.培养学生的判断能力; 3.对学生进行情感教育,提升学生表达感情和关心他人的意识	应用实践	学生能够在正确的情境中使用关键句型
Activity 4: 情景迁移,运用语言	1. Brainstorm. Teacher leads students to brainstorm the situations when they can use the key sentences "What's the matter? My ... hurts.". 2. Act and say. Teacher shows students more different situations and let them act and say. 3. Ask for a leave. Teacher leads students to read and act out a new dialogue about asking for a leave	为学生在不同的场景下拓展关键句型的用法提供机会	迁移创新	学生能够在另外的新情境中使用关键句型

续表

教学环节/目标	师生活动	设计意图	活动层次	评价效果
Activity 5: 巩固拓展	1. Conclusion. Teacher leads students to conclude what they have learned and tells them that we should learn to express our feelings and care about others. 2. Homework. Make more conversations in different situations with pictures according to Part A on the textbook	总结本课知识点，布置作业		学生能够运用关键句型进行新的对话

3. 板书设计

```
            Unit 2 My body (Lesson 2)
What's the matter?
My _____ hurts.
 foot   arm   bead   hand   leg
```

4. 教学亮点

根据英语学习活动观，本课围绕"关心他人身体健康"的主题设置了不同的场景，在不同的场景中呈现了谈论身体不适的核心对话，并创编新情景对话活动等涉及学习理解、应用实践和迁移创新各个不同认知层次的活动，联系生活实际，帮助学生在已有知识背景下，在合作交流中提高他们有关谈论身体不适的语言知识、培养了听说读写的语言能力和合作沟通的学习能力，并通过展示谈论的活动教会学生关心他人身体健康以及表达自己身体不适，树立关爱他人的意识，形成人与人之间和谐共处的观念。

(三)第三课时

1. 课时内容分析

课时	第三课时：Lesson 3	时间	40 minutes
主题	会记录自己和他人的一次经历及感受	课型	新授课
内容	Lesson 3: A. Read and write. B. Let's write		
教材分析	本课包含了一篇短文阅读和一篇文章大意填空。短文内容包含了前两课所学的知识点，比如单词"hand""leg"和"tongue"以及一个表达感受的句型"It hurts."当然，短文里还增加了一些新的词汇，比如"bite""kick"和"really"。很显然，编者希望给孩子一个与生活紧密相关的场景，让孩子将所学的知识在情景中应用起来，同时，扩充词汇量		
学生分析	学生在学习本课前已有的知识： 1. 身体部位词汇。 2. 句型： What's the matter? My leg hurts. 学习本课后能达到的潜在能力： 1. 能运用语言表达感受。 2. 能分析事件之间的因果关系。 3. 能写下不好的经历		
教学目标	By the end of this lesson, pupils will have: 1. learnt new words; 2. analyzed the causal relationship between events; 3. written bad experiences for their own and their friends		
重点	1. Vocabulary: bite, kick, really 2. Structures: I (bite my tongue). My (leg) hurts. It really hurts. This is a bad day		
难点	学会表达自己和朋友身上发生的不好的经历		
教学策略	游戏教学、情景教学、互动教学、启发式教学		
学习策略	游戏学习、合作学习、表演学习、深度思考学习		
教学帮助	教材、单词卡片、多媒体、图片海报		

2. 教学活动设计及评析

教学环节/目标	师生活动	设计意图	活动层次	评价效果
Activity 1: 复习旧知，初步感知	玩游戏"卡片操"。 1. 给每名学生 3~5 张小卡片，小卡片上有我们学过的身体部位的单词。 2. 教师随机说一个词，比如"leg——jump!"，所以拿到"leg"卡片的同学必须跳起来。 3. 按照这个方式，玩其他的单词，全班一起动起来	小学生的特点是爱动，让他们动一动，他们会对这节课产生喜悦放松的感情，有助于发展良好的教学氛围，同时，还能复习我们学过的词汇，为接下来的阅读做好准备	学习准备	孩子们积极参与游戏，该阶段的教学目标即达成
Activity 2: 情境中学习理解文本大意	"背靠背"阅读。 1. 让同桌背靠背大声朗读文章，教师在教室巡听，掌握学生对文本的理解情况。 2. 教授阅读技能，对于不懂的词，可以利用自然拼读进行拼读，还可以利用上下文和图片进行意义解码。如"bite"，利用学生已有的自然拼读意识，让学生自然而然拼读其音，同时，结合图片匹配，鼓励学生猜出其词义，并上前进行表演，巩固印象	1. 三年级孩子的阅读能力正从"learn to read"向"read to learn"中过渡，所以教授阅读技能是帮助孩子在没有老师的帮助下，知道应用合适的策略理解文义。 2. 学生在学校每天面对黑板，如果能给大家换一个姿势朗读，他们会觉得有趣，增加积极性，提高注意力		1. 在教授拼读的过程，老师还未说出单词的发音，学生能读出单词。 2. 学生可以在老师的帮助下，准确匹配句子和图片，理解词义，并进行表演
Activity 3: 通过问题链引发学生深层思考，深入理解文本	深度思考。 1. 教师在幻灯片上呈现刚刚教授的含有新词的三个句型： "He bites my hand." "I bite my tongue." "He kicks my leg." 问学生，"Why does he bite my hand?"等问题，让学生再读文章，从中找出句子回答，从而引出以下三个句型： "I play with Lucky." "I have lunch at school." "I play football with Andy."	三年级的孩子具备一定的思考能力了，长期加以训练，能很好地培养学生的逻辑思维能力，为高阶阅读学习打下坚实的基础		1. 学生能在文中找出合适的句子。 2. 学生能顺利匹配老师拓展的含有因果关系的句子。 3. 学生能使用准确的表演朗读"It really hurts."

续表

教学环节/目标	师生活动	设计意图	活动层次	评价效果
	2. 告诉学生，它们是因果关系。再给一些场景和句子描述，请学生匹配符合因果关系的句子。 　教授词汇"really"，并教会学生使用"It really hurts."来表达感受，请同学们上台表演这句话，再请学生们表演式地朗读这句话			
Activity 4: 拓展应用	1. 教师利用黑板上边授课边绘制"story map"进行第一段的复述。对第二段，请同学们自己复述一分钟，再复述给同桌听，最后学生举手上台复述。 2. 展示一个范文模板，请同学写一段自己的经历，巡视教室，提供必要的帮助。在发现绝大部分同学可以轻松地写出自己的经历时，请同桌们交换阅读小作文，然后把同学的经历描写出来	经过了前面几轮的学习，本节课的重点表达，孩子们已经内化了，这个时候，让他们进行迁移创造，学以致用	迁移创新	1. 学生积极举手上台复述第二、三自然段。 2. 学生能记录自己和他人的经历并表达感受

3. **板书设计**

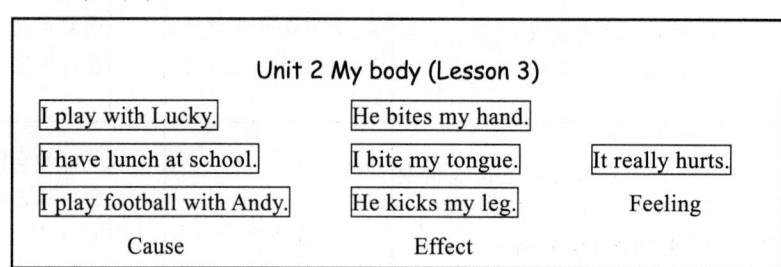

4. **教学亮点**

（1）注重学生体验，体现了"以学生为中心""注重学生体验"的育人理念。每一个环节，都设计了一个让学生觉得有趣的细节。如读前的"卡片操"游戏，读中的"背靠背"阅读和读后的"交换阅读"等，这些细节让学生对所学的内容产生了良好的情感体验。

（2）本节课由浅入深，从游戏引入、复习单词开始，到深度阅读、开发思维。活动与活动之间有层次感，较好地运用了"活动观"理论。

（3）在阅读技能教授、复述教授和写作教授等环节，体现了"授人以鱼不如授人以渔"的育人理念。教师做好示范，提供脚手架，之后撤走脚手架，让学生在没有教师的情况下，慢慢学会独立解决问题。

5. 教学反思

本节课，基础好的学生，能得到很好的训练，但基础不好的学生，会感到压力很大。教师在活动设计时，应考虑水平分级的问题，体现"分层教学"的理念。

（四）第四课时

1. 课时内容分析

课时	第四课时：Fun time and story	时间	40 minutes
主题	认识和描述动物身体	课型	新授课
内容	Fun time and story		
教材分析	本单元教材共有六个课时，本课是本单元的第四课时 Fun time and story time，通过对 Fun time 和 Story time 的整理和整合，让学生认识和描述动物的身体，同时学会整体全面地看待问题，不以偏概全		
学生分析	学生在学习本课之前已有的知识： 1. 身体部位词汇：body、hair、head、hand、arm、foot、leg... 2. 知道身体部位受伤时怎么表达：What's the matter? My leg hurts. 3. 知道一些身体部位单、复数表达方式：I have a boby, two legs and two feet. 学习本课后能达到的潜在能力： 用关键句型描述事物的样子		
教学目标	（1）能够阅读并理解 Story time 有关盲人摸象的故事。 （2）能在语境中听懂、认读和识别关于动物身体的词汇，做到发音准确。 （3）能够理解并运用核心句型描述动物的身体。 （4）能够通过阅读，理解不可以偏概全的概念。 （5）能够通过阅读的思考和讨论活动，提高自己的批判性思维		
重点	Is it ...? No, it's my... My...hurts.		
难点	The body is like a wall. The nose is like a... The ear is like a ... The leg is like a ... The tail is like a ...		

续表

教学策略	视听教学法、情景教学法、任务教学法
学习策略	形象记忆、复述记忆、思维导图
教学帮助	PPT，视频，音频，思维导图，绘画

2. 教学活动设计与评析

教学环节/目标	师生活动	设计意图	活动层次	评价效果
Activity 1：复习旧知，导入新课	1. Greeting. 2. Brain storming: Show out a giving topic about body and animals, let the students to talk about by themselves, the more, the better	通过头脑风暴和猜测游戏帮助学生复习学过的身体部位和动物等词汇，并活跃课堂气氛，让学生快速进入课堂	学习理解	学生能够流利地跟随老师一起说出以前学过的动物和身体部位单词，乐于分享学过的知识
Activity 2：游戏引入，巩固身体部位新词	1. Have Ss play the guessing game with animals pictures and ask Ss "What is it? Is it a ...?" 2. Present the new words with pictures: tail, paw 3. Make an elephant in the blackboard together	通过guessing game等游戏帮助学生复习学过的动物和身体部位单词和句型。学生在老师的引导下掌握单词的读音、拼写，并通过拼出大象进一步巩固词汇		学生能够用句型"It's a/an...?"对老师提出问题，倾听他人的提问；能够掌握单词的意思并熟练地朗读单词
Activity 3：观察图片，问题链引发学生思考，深入理解故事内容	1. Think about the questions according to the pictures. 2. Watch the video and focus on the story. 3. Read and act out the story. 4. Match and say	通过图片猜测、问题链、故事视频，帮助学生进一步加强对故事的掌握，并学习和练习新词snake, wall等，通过角色扮演，引导学生应用新单词，加强学生的听说能力	应用实践	学生能够识别出新学的词汇；能够通过故事学习和角色扮演获得的对新词的理解和应用

续表

教学环节/目标	师生活动	设计意图	活动层次	评价效果
Activity 4: 思维导入，梳理故事脉络	1. Have students finish the mind map in groups. 2. Use the key sentences to describe the mind map. e.g. The body is like a wall. 3. Draw a picture of the elephant according to the blind mice. 4. Draw your own pet	通过 mind map，加强学生对故事的理解，通过创意造句完成故事里的情节，加强学生对新学习词汇的理解和运用；通过完成思维导图和绘画盲老鼠眼里的大象，引导学生不能以偏概全，要全面思考，并将新旧知识结合应用起来	迁移创新	学生能够运用新学的词汇完成 mind map，并通过绘画深化已学知识，同时从思维导图中延伸，巩固和运用已学知识
Activity 5: 巩固拓展		通过朗读、创意作业巩固本课所学内容		学生能够熟练朗读和运用新单词；能够流利朗诵出自己所写的文章

3. 板书设计

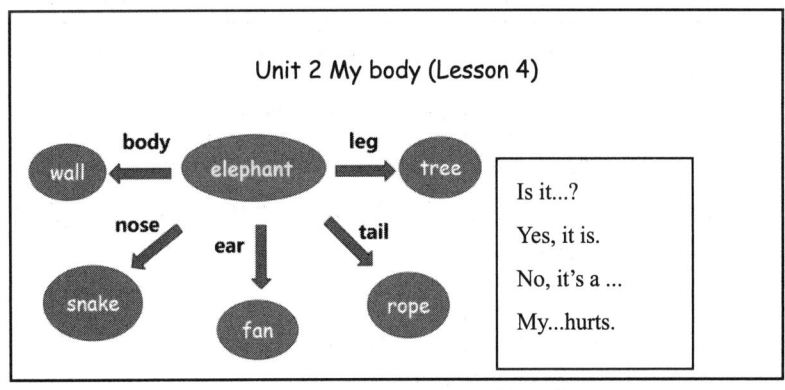

4. 教学亮点

在整体的教学环节中，如何能让三年级学生在课堂上更高效地提升阅读兴趣和能力是笔者一直思考的重点。本节课有三大亮点：① 融语音教学于词汇、句型教学中，用思维导图和绘画增添趣味。②知识点设计在课堂活动中能很好地突破教学重、难点。③以盲鼠摸象为主线，绘画出盲鼠心中的大象原型，有助于发展学生批判性思维。

5. 教学反思

基于主题意义引领的小学英语单元整体教学设计为解决传统教学存在的碎片化、零散化问题提供了新的思路和方法。在本单元整体分析中，笔者于主题意义探究与构建、充分挖掘主题所承载的文化信息和发展学生的思维方面做了很多工作。对于新教材的探索，笔者在课前下了很大功夫，本节课的思路清晰，结构明显，主线是认识和描述动物的身体，通过盲鼠摸象的故事学习、思维导图、绘画等，让英语学习有趣且富有创意。

课堂上对阅读材料的整理通过盲鼠眼中的大象形式出现，让学生在学习过程中利用绘画总结归纳并整理出故事的精髓，通过思维导图以及创意造句，完成对大象形象的描述，大大地提高了课堂效率，同时也为接下来的教学环节做出很结实的铺垫。但是课堂中发现小组活动的实效性不强，对于一直讨论的话题会产生疲倦，下一次上课时要注意让每一个组员参与讨论，形成小组共同的思维导图和绘画。

（五）第五课时

1. 课时内容分析

课时	第 5 课时：Let's check	时间	40 minutes
主题	保护身体	课型	复习
内容	Let's check: part A and part B		
教材分析	本课是帮助学生复习整个单元，并评价学生本单元的学习情况。主题是保护身体。学完本课，学生应能够谈论受伤的身体部位，并且知道如何在学校保护身体免于受伤		
学生分析	学生在学习本课前已有的知识： 已经学习了关于身体部位的词汇和句型： I have a head./ I have two legs. What's the matter? My/His/Her leg hurts. 学习本课后能达到的潜在能力： 学生应能够谈论他们的身体，并且能用英语流利、正确地表达对他人生病的关心		

教学目标	语言能力目标： 1. 学生能够进一步掌握关于身体部位的词汇与句型： What's the matter? My/His/Her leg hurts. 2. 学生可以用"I have..."的句型来谈论他们的身体。 3. 学生能够根据所听到的内容选择正确的选项。 4. 学生能够使用英语和他们的创意表演相关场景。 5. 学生能够完成安全手册。 学习能力目标： 学生能够发展和他人的合作学习能力，并反思自己的学习。 思维品质目标： 学生能够发展他们的批判性思维和发散性思维。 文化意识目标： 学生能够理解如何在学校保护自己的身体，避免危险的行为
重点	1. 进一步掌握关于身体部位的表达。 2. 完成活动手册
难点	1. 进一步掌握英语中关于身体的相关表达。 2. 创造性地表演出会话内容
教学策略	任务型教学法、情景式教学法
学习策略	互动合作学习、自主独立学习
教学帮助	PPT、活页手册

2. 教学活动设计与评析

教学环节/目标	师生活动	设计意图	活动层次	评价效果
Activity 1: 歌曲导入，活跃气氛	1. Free talk. Teacher asks students: Which class are you in? /What's your name?/ How old are you? Students answer accordingly. 2. Sing a song	通过热身活动，帮助学生进入上课状态，引起学生的学习兴趣	学习理解	学生能够回答老师的问题，并跟着视频唱歌及做动作

续表

教学环节/目标	师生活动	设计意图	活动层次	评价效果
Activity 2: 游戏梳理旧知	1. Review the body. The teacher draws and students say out the words. 2. Talk about your body. Have students talk about their body with the sentence pattern "I have___" in pairs	通过"我画你说""介绍身体"的环节，帮助学生复习重点词汇		学生能够说出各个身体部位，并用"I have..."介绍自己的身体
Activity 3: 情境中运用所学句型，实践应用	1. Lead in. The teacher introduces a scene that a boy hurts his leg and goes to the school clinic. 2. Listen and tick. The students listen to the tape and tick. 3. Complete the dialogue. The students answer the questions together according to Ben's medical record. 4. Talk in pairs. The students look at the records and role play the conversation between the doctor and the kids who get hurt. The teacher shows an example for them	通过听力练习、口头问答、角色扮演的方式，进一步帮助学生从听力及口语表达上巩固目标句型	应用实践	学生能够根据听力内容正确勾选相应的答案；能够根据表格回答问题；能够和同伴进行角色扮演
Activity 4: 联系学校生活，拓展目标语言并提高安全意识，遵守公共秩序	1. Let's watch. The teacher presents three videos of students doing dangerous actions at school and acts out one scene with one student. 2. Let's act. Students work in pairs and choose one scene to act out. 3. Let's write. Students work in groups, complete the safety handbook and stick the signs in the right boxes. Let's chant. The teacher leads students to chant about the safety rules from the handbook	通过展示学生日常在校危险行为的不同场景，引出本课主题意义，引发学生思考；通过角色扮演，引导学生在真实情景中应用、拓展目标语言；通过完成安全手册，巩固深化目标语言，提升学生的团队合作能力；通过歌谣，帮助学生更轻松地掌握目标语言	迁移创新	学生能够根据自己选择的场景，编排创设对话并表演；能够意识到如何保护自身安全；能够和小组成员一起合作，完成安全手册的填写和图片匹配；能够跟着老师的节奏一起唱歌谣

续表

教学环节/目标	师生活动	设计意图	活动层次	评价效果
Activity 5: 巩固拓展	1. Summary. The teacher summarize today's lesson. 2. Self-assessment. Students evaluate their performance and make a self-assessment. 3. Homework. a. Complete P18. b. Share the handbook with your friends or family	通过教师总结及学生自我评价，帮助学生进行归纳和反思；通过作业，进一步巩固学生的学习成果	应用创新	学生能够归纳本节课的知识，并真实地进行自我评价；能够完成相应的课后练习

3. 板书设计

```
              Unit 2 My body (Lesson 5)
What's the matter?
My leg hurts.
His leg hurts.
Her...
```

4. 教学亮点

（1）本节复习课主线清晰，教学设计环环相扣，主题为校园安全，贴近学生的生活，引发学生共鸣。活动丰富，通过个人表达、角色表演、小组合作制作安全手册等形式，巩固目标语言，让学生充分地参与课堂。

（2）有效地整合了学生的已学知识，提升学生的语言表达及积累。在应用拓展环节，通过真实的视频，引导学生在不同的场景下应用本单元的目标语言，为学生提供使用英语进行充分表达的机会，锻炼了学生的迁移创新能力。

5. 教学反思

（1）教师的指令性语言及过渡语言还可以更加精练，提高课堂效率，同时注意使用丰富多样的评价语言。

（2）在拓展环节，教师引导学生选择日常校园生活中的场景进行对话表演，但由于没有充分地唤醒学生的创造力和表达欲，导致部分同学的表演局限于老师的示范中，未能进行有效的再创造。

（六）第六课时

1. 课时内容分析

课时	第 6 课时：Let's spell	时间	40 minutes
主题	Phonics-et,ed	课型	Phonics
内容	Let's spell: A. Listen, point and repeat.　B. Listen and tick.　C. Listen and repeat		
教材分析	语音教学在每单元都有出现，是很重要的一个部分。但语音教学的内容一般与本单元的主题没有特别大的联系，所以放在最后一个课时进行教学。 本单元的语音组合是 et、ed，在三年级上册中学生学习元音与辅音字母相结合的组合。学生如果能将字母语音学好，对英语学习会有很大的帮助		
学生分析	根据维果茨基的最近发展区理论，学生的已有知识是 26 个字母的发音和拼读发音，且在 Unit 1 学习了元音 a 在闭音节中的发音 at、ap。 在理解层面，学生学习完后，能够正确地发出 et、ed 的发音且读出含有 et、ed 的单词。 在应用层面，学生能够运用所学的 et、ed 的发音去读更多含有 et、ed 的单词并运用其去读与含有 et、ed 的拼读故事		
教学目标	1. 能掌握 et、ed 的发音。 2. 能运用 et、ed 的拼读规则去读故事。 3. 能流利地读单词和唱歌谣。 4. 能有意识地保持干净和整洁		
重点	1. 能读含有 et、ed 的单词。 2. 能流利地读单词、唱歌谣和理解故事		
难点	能运用 et、ed 的拼读规则去读故事		
教学策略	情景交际法、合作学习法		
学习策略	1. 多进行原音输入，多听多读多模仿。 2. 进行拼读绘本故事阅读，进行整体的语音和语篇培养		
教学帮助	PPT，投影		

2. 教学活动设计与评析

教学环节/目标	师生活动	设计意图	活动层次	评价效果
Activity 1：复习旧知，导入新课	1. Sing a song. 2. Review: Phonics in Unit 1	1. 帮助学生复习26个字母的发音。 2. 吸引学生的注意力和提升学习兴趣 3. 复习 Unit 1 的 Phonics，为本单元的语音学习做铺垫		复习26个字母与发音并复习 Unit 1 Phonics——at, ap
Activity 2：学习韵律诗，初步感知掌握 et、ed 的发音	1. Listen the chant. 2. Listen and circle. 3. Teach the pronunciation. 4. Learn new words	学生先听1次 chant，从整体上感知 et、ed 的发音。 学生通过听 chant，找出含有 et、ed 的单词，通过听和观察的结合，进一步感知 et、ed 的发音。 教学生 et、ed 的发音。 运用所学发音来拼读单词	学习理解	通过听、说，学生能够掌握 et、ed 的发音并说出含有 et、ed 的单词
Activity 3：情境中尝试拼读含有 et、ed 的新单词，自主阅读	1. Practice. 2. Blending. 3. Chant	听与写相结合，对发音进行巩固。 1. 学生通过小组合作，用其他辅音字母与 et、ed 的结合，运用所学发音规律和拼读规律，自己在小组内尝试练习拼读。培养学生的合作能力和整合运用的能力。 2. 通过拓展 en 的字母组合发音，帮助学生进一步体会 e 在闭音节单词中的发音规律。 运用歌谣来巩固 et、ed 的发音	应用实践	学生通过不同的练习活动，巩固 et、ed 的发音，并运用 et、ed 的发音去读更多的单词

续表

教学环节/目标	师生活动	设计意图	活动层次	评价效果
Activity 4: 运用所学的et、ed发音规律来进行拼读和阅读。提升学生的阅读流利度。	1. Read the story together. 2. Read the story in a group. 3. Recall the story	让学生运用所学的et、ed发音规律来进行拼读和阅读。培养学生整合运用的能力，同时提升学生的阅读能力。通过复述故事，加强了对故事的理解，再说一次故事也巩固了et、ed的发音	应用实践	学生通过读拼读绘本故事，巩固et、ed的发音，并运用et、ed的发音去读更多的故事，提升英语阅读能力
Activity 5: 巩固拓展	1. Summary. 2. Homework	总结今天所学的内容并布置练习进行巩固		

3. 板书设计

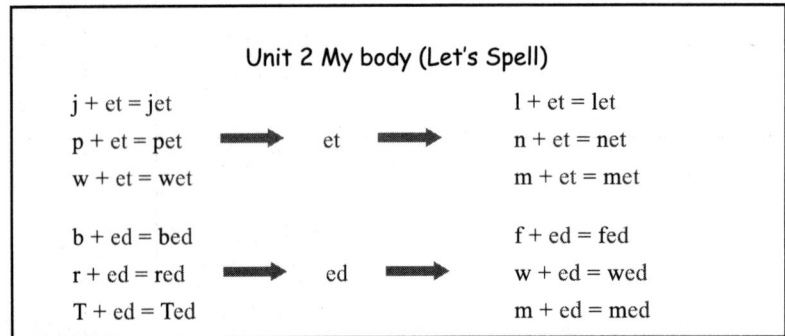

4. 教学亮点

（1）从整体出发，先让学生整体感知语音，再进行语音教学。

（2）运用一朵花的设计，让学生动手进行小组合作，将所学的内容应用实践，巩固。

（3）除了进行语音教学，还运用拼读绘本，增加了语篇，帮助学生巩固语音的同时也能提升阅读能力。

5. 教学反思

应运用比较生动活泼的活动来进行语音的训练。可以让学生自行进行额外的拼读阅读。

教学案例6　人教版（新起点）三年级下册 Unit 3 After school activities

一、课时内容分析

单元主题	学校课后活动
主题意义分析	本单元是人教版《英语》（一年级起点）三年级下册 Unit 3 After school activities。Lesson 1 为了解学校课外活动的词组表达。Lesson 2 学习如何询问他人的课后活动计划。Lesson 3 是以留言便条的形式，书写个人课后活动计划。Fun time 拓展到各国小朋友不同的课外活动。Story time 是关于思考如何安排自己的课后活动，学会合理安排，主次有别。我们将围绕主题语境，设计课堂教学的目标、内容和活动，在真实情景中开展教学，引领学生语言能力、思维品质、文化意识和学习能力的融合发展
教材分析	本单元教材内容为人教版《英语》（一年级起点）三年级下册 Unit 3 After school activities。本单元由单元封面、Lesson 1、Lesson 2、Lesson 3、Let's spell、Let's check、Fun time 以及 Story time 各个板块组成。Lesson 1 为学习学校课外活动的词组表达。Lesson 2 学习如何询问他人的课后活动计划，掌握如何运用重点功能句"going to do"。Lesson 3 是以留言便条的形式，书写个人课后活动的计划。语音部分 Let's spell 部分是学习字母 O 在开音节中的发音规律。Let's check 为综合听力和书写练习。Fun time 拓展到各国小朋友不同的课外活动。Story time 是关于思考如何安排自己的课后活动的语篇。教材内容课与课之间联系紧密、层层递进，从单词、句子、对话到短文、故事以及拓展训练，文本材料内容逐渐丰富，主题也逐渐深入，符合学生的学习规律，能有效拓展学生的知识
学生分析	本单元的教学对象为小学三年级学生，年龄在 8 到 9 岁之间。通过两年半的英语学习，学生已经具备围绕部分日常话题进行简单的听说读写演的能力，学过有关活动的词汇和表达，与本单元有关课后活动的语言内容联系密切。通过本单元的学习，我们期待学生能够听懂，会说，会询问某人放学后打算做什么的功能句，能够就课后活动的话题展开听说读写演的活动
单元整体目标	语言能力目标： 1. 能够理解运用所学的有关学校课后活动的单词和短语，掌握目标功能句及其答语"What are you going to do? I'm going to ..."以及第三人称的用法。

续表

单元主题	学校课后活动
单元整体目标	2. 能够询问他人的课后活动计划，在恰当的情境中表达运用。 3. 能够读懂理解本单元的语篇，在教师指导下表演小故事，会唱与本单元话题相关的歌曲。 4. 能够掌握字母 O 在开闭音节中的不同，进而利用该规则拼读新单词。 学习能力目标： 1. 能够通过练习、老师的反馈，及时进行反思和调整。 2. 能够提高自主学习和合作学习的能力。能自主探究，合作学习。 思维品质目标： 能够通过观察、对比、关联，提高自身的逻辑思维能力和归纳总结能力。 文化意识目标： 1. 了解各国小学生放学后参加的各种活动。 2. 学会合理安排自己的学生生活，劳逸结合，多参与有益身心健康的课外活动
重点	1. 能够理解运用所学的有关学校课后活动的单词和短语，掌握目标功能句及其答语"What are you going to do? I'm going to ..."及第三人称的用法。 2. 能够询问他人的课后活动计划，在恰当的情境中表达运用。 3. 能够阅读并理解本单元的对话、故事的语篇材料。 4. 能够掌握字母 O 在开闭音节中的不同，进而利用该规则拼读新单词
难点	1. 熟练运用本单元的重点功能句，掌握人称的变化。 2. 能够理解 Story time 的故事并进行小组表演
教学方法、策略	情景式教学法、交际式语言教学法、任务型教学法

二、单元课时安排与课时主题、目标分析

课时安排	上课内容板块划分	课时主题	分课时教学目标
第一课时	Lesson 1	了解学校课后活动	1. 能够理解并运用所学的有关学校课后活动的词组：dance/read books/play sports/sing songs/play chess/draw pictures/ after school；能够规范书写上述词组。 2. 能够用已经学过的功能句"Can you…?"及答句进行角色扮演，能用"I can…"表达自己会做的活动。 3. 能够跟随录音大胆模仿说唱本课的歌谣
第二课时	Lesson 2	询问他人课后活动	1. 能够听懂、会说并在正确的场合运用核心句型"What are you going to do after school? What's he/she going to do after school?"及其答语"I'm/He's/She's going to …"。 2. 能够流利读本课的对话并进行表演。 3. 能够正确描摹句子，规范书写。 4. 能够认真倾听，了解同伴的课后活动计划
第三课时	Lesson 3	书写课后活动计划	1. 能够借助图片读懂文本，并进行信息匹配。 2. 能够仿照文本写回信，写自己的课后活动计划。 3. 能够了解留言便条的基本格式
第四课时	Fun time & story time	合理安排课后活动	1. 能够借助图片读懂本单元的故事，并进行表演。 2. 能够启发思考，合理安排自己的课后计划。 3. 能够了解各国小学生放学后参加的各种活动
第五课时	Let's check & revision	探索喜爱的课外活动	1. 能够熟练掌握本单元的目标词汇和句型，并能初步在语境中运用。 2. 能够理解绘本内容，挖掘自身的爱好，勇于尝试不同的课外活动。 3. 能够根据自我评价表对自己的学习情况进行评价和反思
第六课时	Let's spell	掌握字母O在开音节中的拼读规律	1. 能够掌握字母O在开音节中的发音规律，并利用该规律拼读新单词。 2. 能够掌握分辨字母O在开闭音节中的不同。 3. 能尝试运用上述规律拼读和记忆单词

三、分课时设计

（一）第一课时

1. 课时内容分析

课时	第一课时：Lesson 1	时间	40 minutes
主题	了解学校课后活动	课型	新授课：词汇
内容	Lesson 1： A. Look, listen and chant.　　B. Let's role-play.　　C. Let's write		
教材分析	本课内容为 Lesson 1。教材的主要内容是有关学校课后活动的词组，运用情态动词 can 与同伴交流自己都能做些什么活动，增加彼此的了解。根据教材内容，我们将本课的主题定为了解学校课后活动		
学生分析	学生在此前学过有关活动的词汇和表达，还学过情态动词 can 及其句型，与本单元的语言内容联系密切，通过本课的学习，我们期待学生能够掌握更多有关学校课后活动的词汇		
教学目标	1. 能够理解并运用所学的有关学校课后活动的词组：dance/read books/play sports/sing songs/play chess/ draw pictures/after school；能够规范书写上述词组。 2. 能够用已经学过的功能句"Can you …?"及答句进行角色扮演，能用"I can…"表达自己会做的活动。 3. 能够跟随录音大胆模仿说唱本课的歌谣		
重点	能够理解并运用所学的有关学校课后活动的词组：dance/read books/play sports/sing songs/play chess/ draw pictures/after school；能够规范书写上述词组；能够与同伴交流，谈谈会做的活动		
难点	熟练掌握本课的目标词组，并进行运用		
教学策略	情景式教学法、交际式语言教学法、任务型教学法		
学习策略	任务型学习法、合作式学习法		
教学帮助	CD，PPT，Pictures		

2. 教学活动设计及评析

教学环节/目标	师生活动	设计意图	活动层次	评价效果
Activity 1：通过歌曲复习句型并展示教学主题	1. Greeting. Teacher greets the students. 2. Sing a song. Teacher invites the students to sing the song *Bill can play football*. 3. Ask and answer. Teacher asks students: "Can you …?"	通过歌曲活跃课堂气氛并帮助学生复习主题相关的旧知	学习理解	学生能够愉悦地演唱表演，能够通过歌曲复习旧知，为接下来的学习做好准备

续表

教学环节/目标	师生活动	设计意图	活动层次	评价效果
Activity 2: 准确读出目标词汇并理解词义	1. Present the new phrases. Teacher presents the new phrases with video and actions. 2. Listen and repeat. Have students read after the tape. 3. Learn to chant. Have students listen and chant the song	设立情境，呈现有关学校课后活动的新词组；通过跟读及歌谣加深学生对所学词汇音、形、义的掌握		能够掌握单词的意思并熟练地朗读单词；能够基本熟练地跟唱歌谣
Activity 3: 熟悉语用目标单词及句型	1. TPR Game. Teacher plays the game Simon Says with students. The teacher says, and students do actions. 2. Matching. Teacher presents different places and students says out the phrases accordingly. 3. Listening. Have students listen and number the pictures	通过游戏操练及听力练习，帮助学生进一步掌握语用目标单词及句型		学生能够说出相应的短语或做出动作；能够听懂语篇，正确排序
Activity 4: 运用目标知识	1. Talk and tick. Have students make a survey with one partner with the pattern "Can you...?" and complete the chart. 2. Talk and share. Have students talk about their results based on the chart. Jenny can _____. 3. Let's write. Complete Practice C on the book	通过小调查形式的对话练习及结果分享，巩固词汇及句型，体会词汇在交际情境中的运用；规范书写	应用实践	学生能够运用新学词汇询问同伴，并根据回答完成表格；能够根据表格，说说同伴能做的活动；能够规范书写短语
Activity 5: 总结巩固	1. Summary. Teacher summarizes what we have learned today. 2. Homework. (1) Read the new word and phrases correctly and try to memorize them. (2) Draw a picture about activities you can do after school and introduce it	总结本课学习内容，布置课后作业	迁移创新	学生能够掌握新学词组；能够画出课后活动并使用英语介绍

3. 板书设计

4. 教学亮点

根据英语学习活动观，本课围绕"了解学校课外活动"的主题设置了 chant、TPR 游戏、听力练习等活动，帮助学生掌握目标知识。在操练短语时，教师出示相应的地点图片，请学生说出可做什么的短语，帮助学生建立联系、扩展思维。此外，通过问卷的方式，让学生在真实情景中运用目标语言，加强口语表达能力。

5. 教学反思

本节课中，教师的操练游戏形式可以更加丰富，把操练时间更多地交给学生，让学生进行两人、四人练习等，真正体现以学生为中心，把课堂交给学生。此外，在问卷调查中，可以进行分层教学，让基础较好的学生不必拘泥于表格，自由发挥，给他们更大的锻炼空间。

(二) 第二课时

1. 课时内容分析

课时	第二课时：Lesson 2	时间	40 minutes
主题	询问他人课后活动	课型	新授课：句型
内容	Lesson 1: A. Look, listen and repeat. B. Let's play. C. Let's write.		
教材分析	本课内容为 Lesson 2。教学主要内容是"What are you going to do after school? What's he/she going to do after school?"及其答语"I'm/He's/She's going to …"。根据教材内容，我们将本课的主题定为询问他人课后活动		
学生分析	学生在此前已经基本掌握了有关学校课后活动的词汇和表达，还复习了情态动词 can 及其句型，通过本课的学习，我们期待学生能够从听说读写等方面基本掌握"going to do"这一核心句型		

续表

教学目标	1. 能够听懂、会说并在恰当情境中运用核心句型"What are you going to do after school? What's he/she going to do after school?"及其答语"I'm/He's/She's going to …"。 2. 能够流利读本课的对话并进行表演。 3. 能够正确描摹句子,规范书写。 4. 能够认真倾听,了解同伴的课后活动计划
重点	能够听懂、会说并在恰当情境中运用核心句型"What are you going to do after school? What's he/she going to do after school?"及其答语"I'm/He's/She's going to …"
难点	熟练掌握本课的目标句型
教学策略	情景式教学法、交际式语言教学法、任务型教学法
学习策略	任务型学习法、合作式学习法
教学帮助	CD,PPT,Pictures

2. 教学活动设计及评析

教学环节/目标	师生活动	设计意图	活动层次	评价效果
Activity 1: 复习旧知, 导入新知	1. Greeting. Teacher greets the students. 2. Sing a song. Teacher invites the students to sing the chant in Lesson 1. 3. Bomb game. Have students shout out the phrases about after school activities	通过歌谣及游戏,帮助学生复习旧知,导入新知	学习理解	学生能够愉悦熟练地演唱表演,能够准备地说出图片对应的词组
Activity 2: 初步熟悉 目标句型	1. Present the video. Have students watch the video and see what they are doing and where they are. 2. Watch and match. Have students watch again and match the characters with the activities. 3. Present the patterns. Teacher asks question while presents the patterns. 4. Read after the tape	通过视频呈现新句型,引导学生了解该功能句在生活中的使用语境		能够根据视频将人物与课后活动相匹配;能够回答相关提问;能够模仿语音语调,较熟练朗读对话

续表

教学环节/目标	师生活动	设计意图	活动层次	评价效果
Activity 3: 操练目标句型	1. Let's role-play. Have students work in pairs and role play the dialogue. 2. Look and say. Have students look at the pictures and answer the questions. For example: What is she going to do after school?	通过表演文本、看图回答的活动帮助学生进一步掌握目标句型	学习理解	学生能够跟同伴表演对话；能够根据图片回答问题
Activity 4: 巩固运用目标知识	1. Let's play. Have students work in groups and talk in orders. The first student says: "I'm going to play chess after school." Then the next student says: "He's going to play chess after school. I'm going to sing songs." 2. Let's write. Complete Practice C on the book	通过小组滚雪球游戏，进一步巩固目标句型，提高口语表达能力；通过书写练习，规范书写	应用实践	学生能够积极参与，表达自己的计划，同时记忆并复述他人计划；能够规范书写句子
Activity 5: 总结巩固	1. Summary. Teacher summarizes what we have learned today. 2. Homework. (1) Read the dialogue. (2) Write about what your family is going to do	总结本课学习内容，布置课后作业	迁移创新	学生能够掌握新学句型；能熟练朗读对话；能在范文框架下写家人的活动

3. 板书设计

Unit 3   After school activities (Lesson 2)

What are you going to do after school?

I'm going to <u>play sports</u>.

What's he/she going to do after school?

He/She is going to _____

---

4. 教学亮点

本节课以"询问他人课外活动"为主题，先帮助学生复习第一课时所学词组，再自然过渡到句型的学习，通过游戏、视频等方式帮助学生掌握目标知识。教学环节层层递进，符合英语学习活动观。其中，为了更好地体现语言的交际性，在学生表演对话时，鼓励学生加上问候或者打招呼的语言，使情境更加真实。

5. 教学反思

在本节课的滚雪球环节中，教师可以通过课前录制视频进行活动示范，让学生更加直观清晰地看到游戏如何开展，也提高课堂效率。此外，在表演环节，教师可以提供头饰、球等道具，让学生的表演更加生动有趣。

（三）第三课时

1. 课时内容分析

课时	第三课时：Lesson 3	时间	40 minutes
主题	书写课后活动计划	课型	阅读
内容	Lesson 1: A. Read and match.　B. Now write to your friend.		
教材分析	本课内容为 Lesson 3，教材的主要内容是表达个人课后活动计划的文本，呈现形式为留言便条。根据教材内容，我们将本课的主题定为书写课后活动计划		
学生分析	学生在此前已经基本掌握了有关学校课后活动的词汇和表达、询问或表达计划的"going to do"这一核心句型。通过本课的学习，我们期待学生能够了解留言便条书写的基本格式，理解文本内容，仿照文本写一个自己的计划给朋友		
教学目标	1. 能够借助图片读懂文本，并进行信息匹配。 2. 能够仿照文本写回信，写写自己的课后活动计划。 3. 能够了解留言便条的基本格式		
重点	理解文本内容，提炼相关信息；仿照文本写回信		
难点	仿照文本写回信		
教学策略	情景式教学法、交际式语言教学法、任务型教学法		
学习策略	任务型学习法、合作式学习法		
教学帮助	CD，PPT，Pictures		

2. 教学活动设计及评析

教学环节/目标	师生活动	设计意图	活动层次	评价效果
Activity 1: 复习旧知，导入新课	1. Greeting. Teacher greets the students. 2. Sing a song. Teacher invites the students to sing the chant in Lesson 1. 3. Guessing game. Have students guess what they are going to do after school with pictures	通过歌谣及游戏，帮助学生复习旧知，导入新知	学习理解	学生能够愉悦熟练地演唱表演，能够根据不完整的图片猜猜人物打算做什么
Activity 2: 阅读文本，获取信息	1. Before reading. Have students look at the pictures and guess when Joy is going to play chess/ get up/dance? 2. Read and match. Have students read the passage and match the time with the activities. 3. Read again. Teacher leads students to read again and emphasize the format of note. 4. Read after the tape	通过读前预测活动，提高学生阅读兴趣；通过连线活动，帮助学生学会提取关键信息		能够观察图片，做出预测；能够提取信息，将时间与课后活动相匹配；能够模仿语音语调，较熟练朗读对话
Activity 3: 巩固目标知识	1. Group work. Have students talk about what they are going to do in groups. I'm going to … at …. 2. Let's write. The teacher guides students to write a note to their friends. 3. Let's share. Invites some students to share their writing in the front	通过小组讨论，为接下来的写作提供思路和指导；通过完成短文，帮助学生巩固目标知识	应用实践	学生能够积极参与，表达自己的计划；能够规范正确地将框架补充完整
Activity 4: 总结巩固	1. Summary. Teacher summarizes what we have learned today. 2. Homework. (1) Read the passage. (2) Share your note with your parents and make a timetable	总结本课学习内容，布置课后作业	迁移创新	学生能够掌握文本内容；能熟练朗读对话；能根据自己的短文制作时间表

3. 板书设计

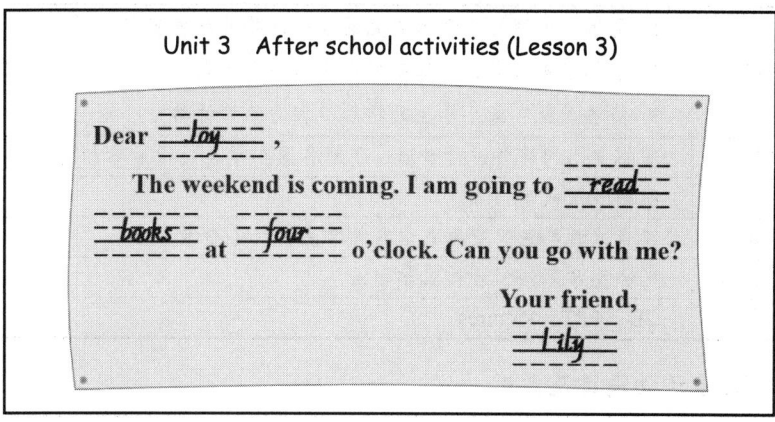

4. 教学亮点

本节课的读前、读中、读后活动丰富，层层递进，为最后学生的写作输出搭建了扎实的脚手架。此外，教师引导学生借助图片读懂留言便条，注重训练学生提取关键信息的阅读技巧。学生能够充分投入课堂当中，积极表达自我，达到了很好的效果。

5. 教学反思

在书写留言便条的过程中，要给学生充分的时间去认真写，多注意学生占格和笔顺问题，规范学生的书写。

（四）第四课时

1. 课时内容分析

课时	第四课时：Lesson 4	时间	40 minutes
主题	合理安排课后活动	课型	阅读
内容	Fun time：A. Good to know.　B. Let's make.　C. Let's sing story time		
教材分析	本课内容为 Lesson 4，教材的主要内容是以课后活动为主题的故事阅读及补充知识拓展。根据教材内容，我们将本课的主题定为合理安排课后活动		
学生分析	学生在此前已经基本掌握了有关学校课后活动的词汇和句型，掌握了如何书写个人的课后活动计划。通过本课的学习，我们期待学生能够从故事的阅读中进一步巩固本单元重点知识，提高阅读水平，学习了解本国及外国人文知识		

续表

教学目标	1. 能够借助图片读懂本单元的故事，并进行表演。 2. 能够启发思考，合理安排自己的课后计划。 3. 能够了解各国小学生放学后参加的各种活动
重点	理解文本内容并进行表演；了解各国小学生放学后参加的活动
难点	熟练表演故事内容
教学策略	情景式教学法、交际式语言教学法、任务型教学法
学习策略	任务型学习法、合作式学习法
教学帮助	CD，PPT，Pictures

2. 教学活动设计及评析

教学环节/目标	师生活动	设计意图	活动层次	评价效果
Activity 1：复习旧知，做好读前准备	1. Greeting. Teacher greets the students. 2. Sing a song. Teacher invites the students to sing the chant in Lesson 2. 3. Sharp eyes game. Have students shout out the phrases about after school activities	通过歌谣及游戏，帮助学生复习旧知，为故事阅读做好准备		学生能够愉悦熟练地演唱表演，能够准确地说出图片对应的词组
Activity 2：提取信息，理解文本	1. Before reading. (1) The teacher leads students to know about the characters in the story. (2) Have students predict what is going to happen. 2. Listen and read. Have students listen to the tape and read the whole story by themselves. Meanwhile, have students to circle the activities mentioned in the story. 3. Read again. The teacher lead students to read again and discuss the story pictures by pictures. 4. Read after the tape	通过读前了解人物及环节预测，帮助学生更好地进入文本阅读；通过两次阅读，帮助学生提前了解文本信息，理解大意	学习理解	能够熟悉人物，预测环节；能够边听边画出课后活动，理解文本大意；能够模仿语音语调，较熟练朗读故事

190

续表

Activity 3: 表演文本, 实践应用	1. Let's role-play. (1) have students work in groups and role-play the story. (2) Invites some groups to perform in the front. 2. Discussion. Have students talk about how they think of the boy and what he should do	通过表演文本活动帮助学生进一步掌握目标句型	应用实践	学生能够跟同伴表演对话；能够说说自己的感受和启发
Activity 4: 扩展知识, 了解文化	1. Let's sing. Have students listen to the song and learn to sing. 2. Good to know. The teacher presents a video about foreign students' after school activities and teach new phrases. 3. Let's make. Have students draw about Chinese traditional activities and share with partners	通过歌曲和视频的形式，呈现有关外国小朋友的课外活动，扩展学生视野。通过说一说中国传统活动，提升文化认同	迁移创新	学生能够跟唱歌曲，了解各国文化，掌握新词组；能够画一画、说一说中国传统活动
Activity 5: 总结巩固	1. Summary. Teacher summarizes what we have learned today. 2. Homework. (1) Read the story to your parents. (2) Try to do paper cutting and make your own work	总结本课学习内容，布置课后作业	迁移创新	学生能够掌握故事，熟练朗读；能够尝试剪纸，剪出个性图案

3. 板书设计

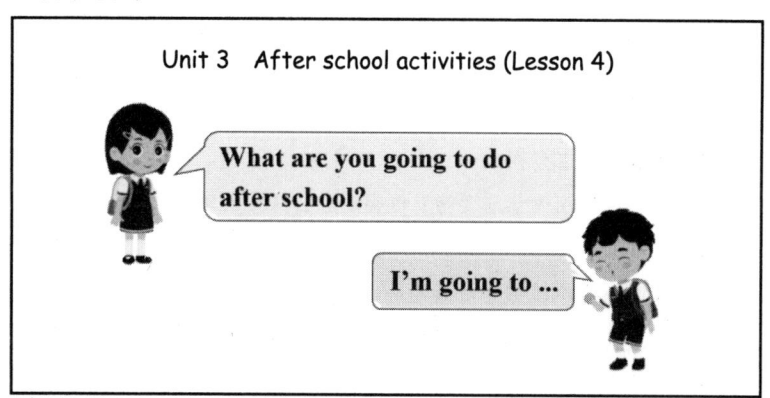

4. 教学亮点

教师在单元整体教学的思路下，整合了课本中 Story Time 和 Fun Time 这两部分的内容，引导学生先阅读，之后拓展了各国小朋友的课外活动，衔接过渡自然，内容丰富。在阅读的过程中，教师注重提升学生的阅读素养，充分以学生为主体，通过读前预测、图片环游等活动一步步引导学生感知故事。

5. 教学反思

本节课的表演故事环节中，可以引导水平较高的小组补充情节，或者改编故事，如变更发生的场所等，让学生充分发挥创意，更加积极地参与到活动中。此外，还可以让学生借助图片提示来复述故事，更多样化地监测学生的掌握情况。

（五）第五课时

1. 课时内容分析

课时	第 5 课时：Let's check（picture book）	时间	40 minutes
主题	探索喜爱的课外活动	课型	阅读
内容	Review lesson 1 to lesson 4 and read a picture book with the relevant theme		
教材分析	本课时是单元第 5 课时，综合复习本单元前 4 课时的单词与句型。同时通过教材外的绘本故事，补充有关课外活动的词组及"like to"句型，拓展学生的知识		
文本分析	What（主题内容与意义）： 通过不同小朋友喜欢不同的课外活动这一故事，拓展学生的知识，丰富学生视野，引导学生寻找自己喜欢的课外活动，勇于尝试不同的课外活动。 Why（作者意图）： 通过故事引发读者思考：你喜欢什么课外活动？你愿意尝试不同的课外活动吗？ How（文本结构和语言修辞）： 文本语言简单凝练，"I like to... after school."的句式不断重复，有利于学生掌握文本内容		

续表

教学目标	1. 能够熟练掌握本单元的目标词汇和句型，并能初步在语境中运用。 2. 能够理解绘本内容，挖掘自身的爱好，勇于尝试不同的课外活动。 3. 能够根据自我评价表对自己的学习情况进行评价和反思
重点	1. 本单元单词与句型。 2. 绘本故事内容
难点	根据图片复述文本内容
教学策略	情景交际法、合作学习法
学习策略	形象记忆、复述记忆、思维导图
教学帮助	PPT，视频，音频，思维导图，绘画

2. 教学流程图

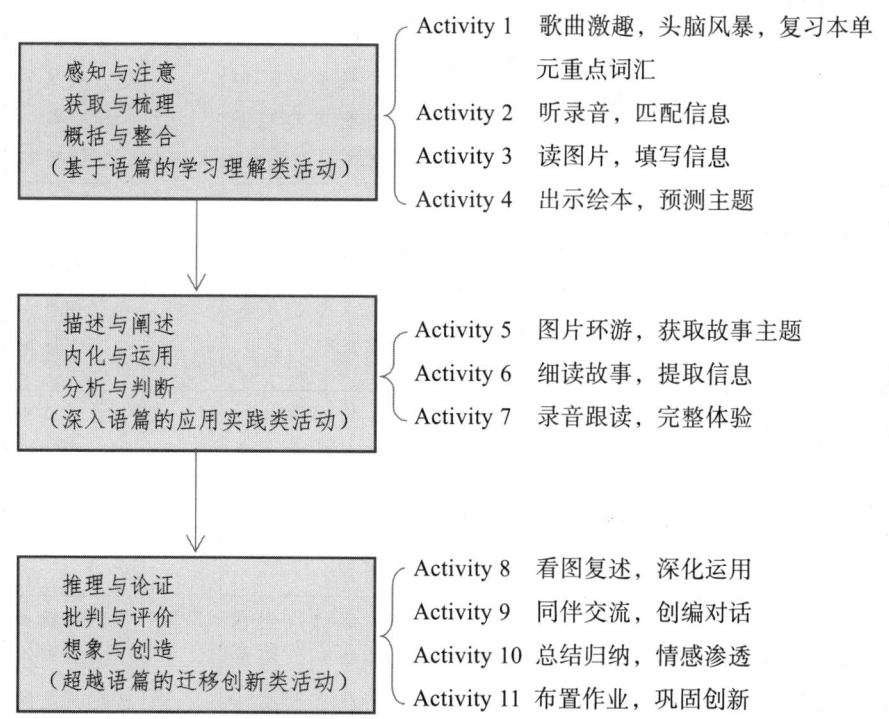

3. 教学活动设计及评析

教学环节/目标	师生活动	设计意图	活动层次	评价效果
Activity 1: 复习归纳重点词汇	1. Have students sing the chant to warm up. 2. Have students brainstorm and name as many after school activities as possible	通过演唱歌谣和头脑风暴活动，帮助学生复习本单元重点词汇	学习理解	学生能够熟练演唱歌谣；能够说出6种以上的学校课外活动
Activity 2: 巩固本单元词汇和功能句	1. Have students listen and match the names with the activities. 2. Check the answers	通过听力活动检测学生对本单元基本词汇和功能句的掌握情况		学生能够听录音，正确匹配
Activity 3: 读写结合，巩固本单元重点知识	1. Have students read the picture and complete the passage. 2. Read the passage together	通过读写结合的活动，检测学生对本单元基本词汇和功能句的掌握情况		学生能够根据图片信息，将文段补充完整
Activity 4: 引入绘本阅读，引起学生阅读兴趣	Have students observe a picture of the story book and guess the theme of this story	通过让学生看图猜主题，激发学生的阅读兴趣		学生对于该绘本的好奇心和参与热情被激发
Activity 5: 图片环游，获取故事大意	Have students read the story silently and get the main idea	通过图片环游，让学生整体感知故事，培养学生读图能力	应用实践	学生能够结合图片及已学知识，了解故事大意
Activity 6: 细读故事，获取信息	Have students read the story silently and circle the after school activities	通过找出课外活动，培养学生在阅读中提取信息的能力		学生能够快速地圈出所提及的所有课外活动词组

续表

教学环节/目标	师生活动	设计意图	活动层次	评价效果
Activity 7: 完整体验故事，纠正学生的语音语调	Have students read after the tape.	通过跟读录音，让学生再次完整地体验故事，同时纠正其语音语调		学生能够跟读录音，流利朗读故事
Activity 8: 结合图片复述故事，巩固绘本知识，提高口语表达能力	Have students look at the pictures and try to retell the story. She/He likes to….	通过图片的提示，让学生用第三人称复述故事内容，监测学生的掌握情况，提高学生的口语表达能力		学生能够根据图片的提示及教师的引导，正确地用第三人称复述故事内容
Activity 9: 同伴对话交流，输出对话，提高学生综合能力	Have students make a dialogue and talk about the activities they like. A: What do you like to do after school? B: I like to…. What are you going to do after school? A: I'm going to….	通过将本单元重点功能句及绘本中的句式相结合，引导学生创编对话，体会在现实场景中的交流，提高学生综合表达能力	迁移创新	学生能够根据框架，用英语和同伴交流自己喜欢的课外活动
Activity 10: 总结内容，渗透情感教育，引导学生进行自我评价与反思	1. Summarize the lesson and encourage students to take part in different after school activities. 2. Complete the self-assessment chart.	通过总结本课内容，引导学生发现不同的课外活动，鼓励学生积极参与，勇于尝试；通过自我评价表，引导学生学会反思		学生能够跟随老师一起总结本课内容，能够对不同的课外活动感兴趣；能够如实地根据自己的情况填写自我评价表

续表

教学环节/ 目标	师生活动	设计意图	活动层次	评价效果
Activity 11: 巩固提升	1. Read the story to your parents. 2. Make a storybook about what you like to do after school	让学生仿照绘本，创作自己的绘本，巩固学习成果，提高学生的运用能力	迁移创新	学生能够创作自己的绘本，画图并配上句子

4. 板书设计

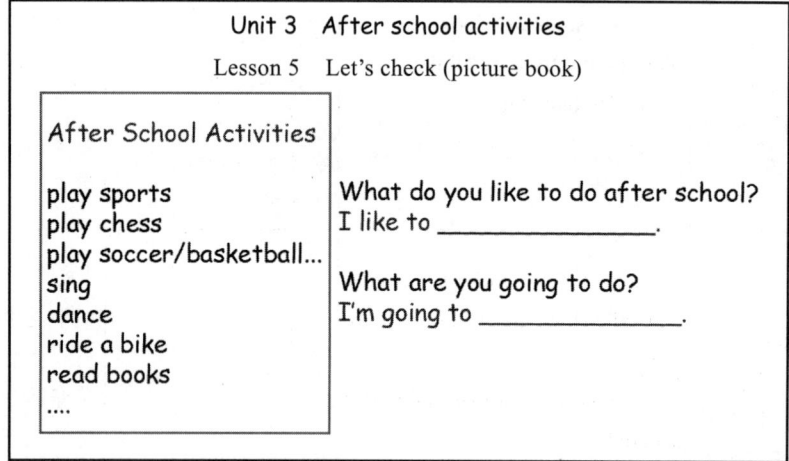

5. 教学亮点

本节课在英语活动观的指导下，通过设计学习理解、应用实践和迁移创新层层递进的教学活动，推动学生观察图片、阅读故事、获取信息，同时进行情感渗透。教师注重为学生创设阅读的环境，引导学生自主去感知故事、体会故事。同时，在迁移创新部分，教师引导学生结合本单元重点功能句和绘本中的句式生成对话，锻炼学生的综合运用能力。

6. 教学反思

在头脑风暴环节，教师可以根据本班学生的学习水平，提高难度，如让学生根据老师所给关键词来给出词组，如户外课后活动等，也可以在头脑风暴之后，让学生进行总结归纳。情感渗透环节，教师可以先提出问题供学生讨论，让学生在讨论过程中深度体会故事内涵。

（六）第六课时

1. 课时内容分析

课时	第 6 课时：Let's spell	时间	40 minutes
主题	Phonics—o-e	课型	Phonics
内容	Let's spell: A. Listen, point and say.　B. Listen and circle. C. Listen, write and say.　D. Listen and repeat		
教材分析	语音课在一、二年级的教材中就有所渗透，学生已经学习了 26 个英文字母的常规发音及元音字母 a、e、i、o、u 与辅音字母相结合的组合发音。本单元重点是字母 O 在开音节中的发音规律，通过该拼读规则和绘本故事学习，锻炼学生自主拼读单词能力		
文本分析	What（主题意义和主要内容）： 故事描述了小女孩因赏花掉入坑中，一只鼹鼠用绳子把她救出来的故事，体现了要满怀希望这一主题意义。 Why（写作意图）： 作者通过小女孩和鼹鼠的故事将字母组合"o-e"贯穿其中，也启发了读者的思考。 How（文本结构和语言修辞）： 文本为记叙文，用第一人称的视角叙述了小女孩因赏花掉入坑中，后被一只鼹鼠用绳子把她救出来的故事，含有多个字母组合"o-e"的词汇		
学生分析	学生已在两年半的英语学习中掌握了 26 个英文字母的常规发音及元音字母 a、e、i、o、u 与辅音字母相结合的组合发音，且在前两个单元中已学习并掌握了"a-e"和"i-e"的发音规律。在学习完本单元后，学生能够正确地发出"o-e"的发音且读出新单词。同时学生能够运用发音规律拼读、理解绘本		
教学目标	1. 能够掌握字母 O 在开音节中的发音规律，并利用该规律拼读新单词。 2. 能够掌握分辨字母 O 在开闭音节中的不同。 3. 能尝试运用上述规律拼读和记忆单词。 4. 能拼读绘本，理解绘本内容，熟练朗读		
重点	掌握字母 O 在开音节中的发音规律，并利用该规律拼读新单词		
难点	熟练朗读绘本		
教学策略	情景交际法、合作学习		
学习策略	1. 多进行原音输入，多听多读多模仿。 2. 进行拼读绘本故事，进行整体的语音和语篇培养		
教学帮助	PPT，投影		

2. 教学流程图

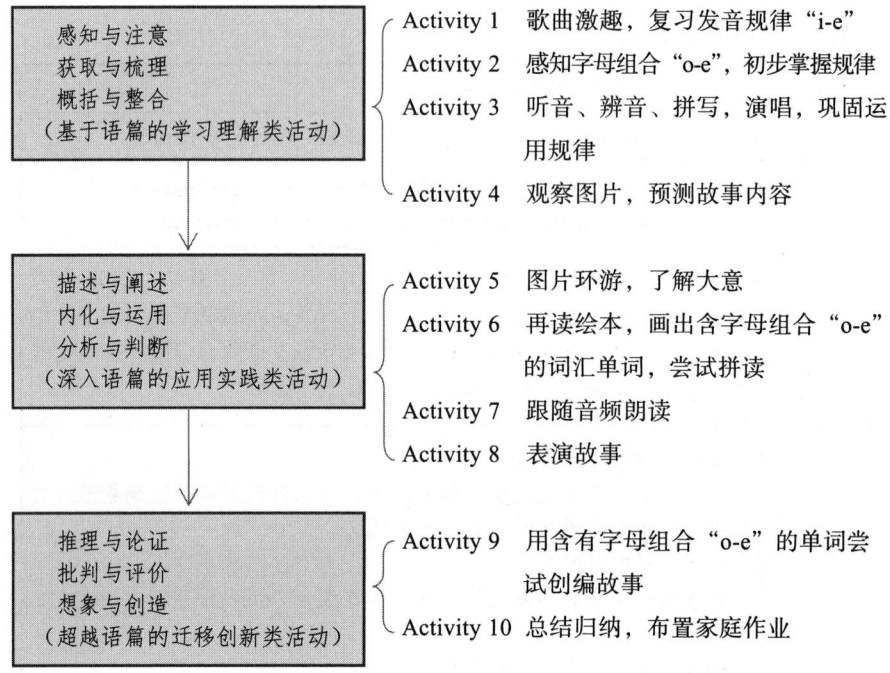

3. 教学活动设计及评析

教学环节/目标	师生活动	设计意图	活动层次	评价效果
Activity 1: 复习旧知	1. Greeting. Teacher greets the students. 2. Sing a song. Sing the phonics chant in Unit 2 with "i-e". 3. Spelling. Have students spell the words with "i-e"	学生复习字母组合"i-e"的拼读规则,为接下来引入字母组合"o-e"的发音做准备	学习理解	学生能够熟练演唱歌谣,能够正确拼读出示的单词
Activity 2: 感知并总结发音规律	Find the rule. (1) Presents words with "o-e": nose/note/bone/home/pole/rope and leads students to find out the rule. (2) Have students read after the tape	让学生感知字母组合"o-e"的发音规律,然后进行学习		能够跟读单词,感受每个单词的发音相同之处,感知发音规律

续表

教学环节/目标	师生活动	设计意图	活动层次	评价效果
Activity 3: 进一步掌握该发音规律	1. Listen and repeat. (1) Have students circle the words with "o-e" in a chant and try to spell. (2) Listen to the chant and correct the pronunciation. (3) Chant after the tape. 2. Listen and circle. Have students listen to the material and circle. Leads students to tell the difference between each pair of words. 3. Listen, write and say. Have students listen to the material and write down the words	通过拼读新词、演唱歌谣、听音辨词、听音写词的操练活动，让学生进一步掌握字母O在开音节中的发音规律		学生能够熟悉拼读规律，利用规律去拼读新词；能够朗读韵文；能够听音辨词、听音写词
Activity 4: 读前预测，学会观察，启发思考	Predict the story. The teacher leads students to talk about what they see in the front page and predict what is going to happen	通过观察绘本首页，预测故事情节来引导学生学会观察，发挥创意，提升阅读兴趣		学生能够观察绘本首页，猜猜故事情节
Activity 5: 图片环游，详细阅读，掌握文本内容	Have students read the story silently by themselves	图片环游，了解故事大意		能够阅读图片和文字，了解故事大意
Activity 6: 再读文本，找出符合发音规律的单词并拼读	Have students read the story again page by page and circle the words with "o-e"	自主阅读，找出带有"o-e"音的单词，并尝试拼读	应用实践	能够圈出目标单词，尝试拼读
Activity 7: 听音频，掌握正确的发音	Have students read after the tape and correct their pronunciation	通过听录音，输入正确的发音，为流利朗读做准备	学习理解	能够体会自己发音跟音频的不同，纠正改进读音

续表

教学环节/目标	师生活动	设计意图	活动层次	评价效果
Activity 8: 同伴合作，熟练表演文本	Have students work in pairs and role-play the story	通过小组表演，巩固文本内容，锻炼口语表达能力及合作能力	应用实践	能够和同伴友好合作，流利地表演
Activity 9: 小组合作，创编新故事，锻炼思维能力	Have students work in groups and make a new story with words that consist of "o-e"	通过小组合作创编新故事，锻炼学生的发散思维和想象力，巩固该拼读规则	迁移创新	能够与组员一起合作，发挥创意，编出简短的故事
Activity 10: 小组合作，创编新故事，锻炼思维能力	1. Summary. Summarize what we have learnt today. 2. Homework： Draw a storybook for the story in groups	总结今天所学的内容并布置作业巩固知识		能够和组员合作，为所编故事写下来并配上图片

4. 板书设计

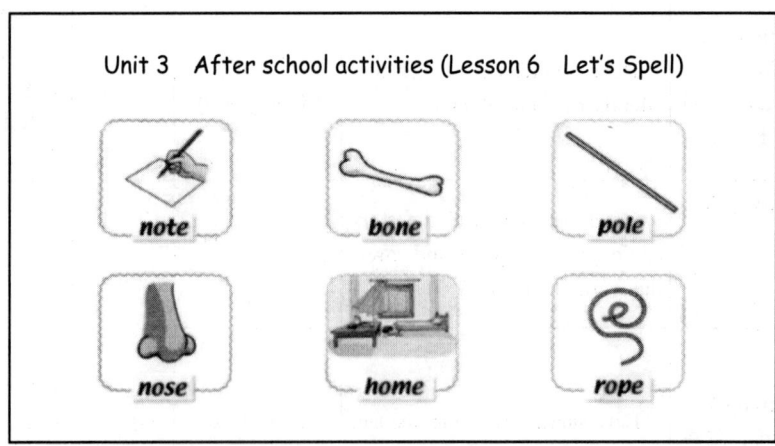

5. 教学亮点

教师坚持落实英语核心素养的要求，通过感知新词、听音辨词等教学环节，不仅帮助学生掌握拼读规则，还锻炼了学生的思维能力。此外，通过两人合作和小组合作，提升了学生的合作学习能力。另外，通过补充的绘本，检验学生的掌握情况，帮助学生巩固语音的同时也能提升阅读能力，扩展学生的知识面。

6. 教学反思

教师可以借助教具，打出节奏让学生练习拼读，增加乐趣。此外，在听音写词环节，可以给学生更多的铺垫，将难度降低，引导学生观察首字母，猜猜有可能是什么词汇。

第二节　作业评价

2021年7月，中共中央印发了《关于进一步减轻义务教育阶段学生作业负担和校外培训负担的意见》，简称"双减"。文件的具体内容是减轻义务教育阶段学生校外培训负担和校内作业负担。减负的根本途径是提升课堂教学质量，让孩子在单位时间内的学习效果实现最大化，通过"双减"倒逼学校重新思考教育教学和学习的本质。"双减"背景下，如何开展教育教学，提升学科核心素养，减轻学生作业负担，指向深度学习的提质增效就值得我们思考。

为此，我们结合"拼·悦·读"校本课程建设和实施，基于"教—学—评"一体化设计单元整体教学，并根据单元整体教学目标和课时目标，厘定单元作业目标和课时作业目标，通过单元整体作业设计，反馈学生学习情况。单元整体作业设计是围绕一个单元主题设计的系列性作业。在课堂实践中，笔者基于单元主题，整体统筹规划每个课时课前、课中和课后作业，检验课堂教学与学生学习效果，延伸课堂教学，指向真实生活。

以下将以人教版（新起点）三年级上册 Unit 5 Clothes 的整体作业设计为例，阐述如何通过单元整体作业，评价学生的学习效果，能够用课堂所学知识解决生活中真实的问题，实现用英语做事。

一、单元整体作业设计介绍

基于英语学科核心素养及单元整体教学设计教学思路，本单元确定教学主题为"认识服装，正确选择服装，合理制定计划"，设计单元整体作业。通过单元整体作业设计与评价，将碎片化知识整合化、结构化，体现作业设计的综合性，呼应实践性，做到少而精。课后作业与家庭生活、社会生活、课余生活及其他学科结合，构建和谐作业整体。本单元整体作业设计特点如下：

1. 作业设计注重整体联动

作业设计不是单纯的作业变化，而是整体联动，综合治理。本作业对象为三年级学生，在此之前，学生在一年级已学习部分关于服装的词汇，因此在第一课时前置作业中，作业加入了对已学知识的复习巩固，进行简单归类，为学生后续顺利掌握单复数概念做铺垫；降低学生后续学习"This is …"和"These are …"句型的难度。在第二课时中，前置性作业首先对第一课时的词汇、语法进行巩固；运用选词填空，情景对话等方式提升学生的综合语言运用能力；在交流的基础上，拓展性作业细化到对学生单词、句型书写的操练，符合学生认知规律，达成教学目标；在后续的学习选择服装的练习中，不断巩固二年级所学关于季节与天气特征的词汇与句型，整合知识。在第三课时中，前置作业对第二单元所学对话进行复习巩固，学生通过完成情景对话等练习，巩固句型的使用，为阅读篇章做铺垫。在语音学习的作业中，前置性作业不断巩固 26 个字母本身的发音及其自然拼读发音规律，通过歌曲、游戏等练习复习一到四单元所学拼读规律，不断强化学生拼读能力。

2. 作业内容精准适切

依托单元话题，本单元整体作业设计基础性作业及拓展性作业，做到分层设计，兼顾到不同层次的学生，既重视基础知识的操练，也重视对学生思维的培养。如第一课时，运用思维导图的方式引导学生对词汇进行归纳总结，由服装种类出发，到颜色及形容词，将碎片化知识进行整合；通过写愿望清单不断巩固所学单词及句型，学习新词的音、形、义，形成结构化知识。第二课时重视在真实情境下对功能句、目标语言的操练，运用所学语言进行交流，学生根据时间、地点、环境、气候及生活经验，对服装进行选择，提高学生对语言的应用实践能力。第三课时，培养学生观察、运用、对比、综合分析等能力，培养学生阅读技能，学会读图、提炼关键信息等，为学生后续学习提供方法。在语音学习中，在加强拼读能力的基础上，培养学生知识迁移创新的能力；通过补充新绘本，培养学生阅读能力，强化所学拼读规律；鼓励学生创编诗歌、故事等任务，形式新颖，学生乐于参与，提高学生语言综合运用能力。

3. 作业评价多样优化

在日常作业的批改过程中，除了进行等级评级，还可以采取激励性点评、班内公开化点评、班内互评等方式。学生作业可进行张贴展示，也可以汇报演讲形式等进行展示，同时引导学生互动留言、配图，在老师、同学评价的基础上再次修改完善，体验进步、成功的快乐，发展语言能力。

二、单元作业目标

单元目标序号	目标内容	能力要求	学科教学要求
Lesson 1	运用思维导图的方式引导学生对词汇进行归纳总结，由服装种类出发，到颜色及形容词，将碎片化知识进行整合；通过写愿望清单不断巩固所学单词及句型，学习新词的音、形、义，形成结构化知识	知道、理解	1. 能够归纳总结相关的颜色和衣物等词汇，并整合运用。 2. 能够理解并运用所学的有关衣物的词汇和句型表达自己的愿望清单
Lesson 2	在真实情境下对功能句、目标语言的操练，运用所学语言进行交流，学生根据时间、地点、环境、气候及生活经验，对服装进行选择，提高学生对语言的应用实践能力	理解、应用	1. 能够在句子中辨析衣物等词汇。 2. 能够理解并在正确的场合运用核心句型。 3. 能够理解并根据不同情景，运用本课所学的词汇进行简单的表达
Lesson3	培养学生观察、运用、对比、综合分析等能力，培养学生阅读技能，学会读图、提炼关键信息等，为学生后续学习提供方法	应用、综合	1. 能够通过阅读来自John的明信片进一步巩固本单元的目标语言。 2. 能够结合生活实际，在语境中运用核心词汇和句型，并给出建议
Lesson 4	加强拼读能力的基础上，培养学生对知识迁移创新的能力；通过补充新绘本，培养学生阅读能力，强化所学拼读规律；鼓励学生创编诗歌、故事等任务，形式新颖，学生乐于参与，有助于提高语言综合运用能力	知道、理解、应用	1. 能掌握un、ut的发音。 2. 能运用un、ut的拼读规则去读故事。 3. 能流利地读单词和唱歌谣。 4. 能自主尝试阅读拓展绘本并进行知识迁移

三、课时作业介绍

(一) 第 1 课时

1. 前置预习

前置基础性作业设计 3 道题，基础性作业 2 道，拓展性作业 1 道，预计 8 分钟完成。第一道是听选作业，第二道是读写类作业，第三道是拓展性作业，让学生对之前学过的词汇进行整理和归类。

1）基础性作业

（1）听录音，在对应的括号内写编号。

设计意图：复习已学过的衣服类单词，帮助学生及时巩固。

题目内容：

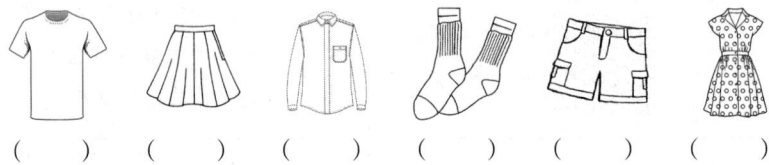

( )　　( )　　( )　　( )　　( )　　( )

听力内容：

① I like your skirt.　　② Put on your socks.　　③ It's a white shirt.

④ I have a T-shirt.　　⑤ My dress is nice.　　⑥ Put on your shorts.

答案：

（ 4 ）　（ 1 ）　（ 3 ）　（ 2 ）　（ 6 ）　（ 5 ）

（2）Choose and write.（选择单词，写在对应的四线格里）

设计意图：复习已学过的衣服类单词，帮助学生加强单词拼写记忆。

题目内容：

dress,　skirt,　shirt,　T-shirt,　shorts,　socks

答案：T-shirt, skirt, shirt, socks, shorts, dress

题目细目表

题目序号	课时	作业知识内容	作业目标	能力要求	题型	完成方式	作业难度	作业预估时长	作业来源	备注
1—6	1	Clothes	读写复习	听说读写四会	客观题	读写	较低	3分钟	选编	

2）拓展性作业（选做）

Word Bank（单词银行）。

设计意图：收集同类单词，丰富单词银行，形成发散思维。

题目内容：   答案：

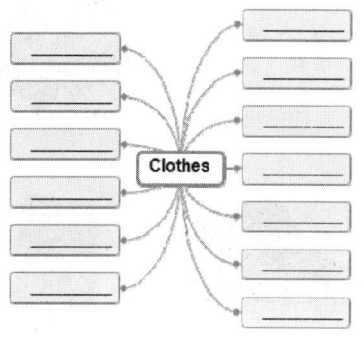 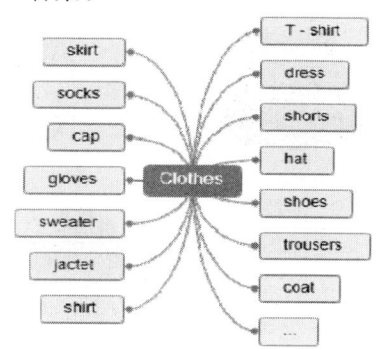

2. 课堂练习

课堂练习部分共设计 1 道大题，属于基础性作业，用于巩固新学单词、句型和总结知识点，预计完成时长 5 分钟，通过小组讨论合作完成。

基础性作业：

根据 Andy、Ann 的需求，和小组同学一起讨论双 11 购物清单。

设计意图：学生通过制作购物清单巩固新学的单词，培养学生的合作能力和综合语言运用能力。

题目内容：   答案：

3. 课后巩固

课后巩固该部分共设计 2 道题，是跨课时作业，预计完成时长 10 分钟，第一道基础性作业属于认图读写作业，第二道拓展性作业属于综合运用类作业。

1）基础性作业

（1）题目 1：看图写句子。

设计意图：巩固新学知识并进行知识强化。

题目内容：

答案：① This is a skirt. ② These are shorts.
　　　③ This is a coat. ④ These are gloves.
　　　⑤ This is a sweater. ⑥ This is a jacket.
　　　⑦ These are shoes. ⑧ These are trousers.

2）拓展性作业（2 选 1）

（1）整理家里的衣柜，选择 3~5 件衣服进行描述，画图制作 A4 手抄报。

（2）Fashion Show（个人时装表演秀），录制成小视频，介绍自己的服饰。

设计意图：立足生活，动手操作，结合所学知识，培养综合语言运用能力。

题目内容：

Look, I have many clothes. This is a coat. It's pink. These are trousers. They're blue. This is a coat. It's brown. These are gloves. They're red. I like my clothes.

（二）第 2 课时

1. 前置预习

1）基础性作业（巩固 Lesson 1 的单词和 "This is …" "These are …" 的使用，一共 2 道课时作业，预计完成时长 3 分钟，完成方式为解答书写）

（1）连线题。

设计意图：通过单词和图片的连线，帮助学生复习 Lesson 1 中所学的新单词。

题目内容：

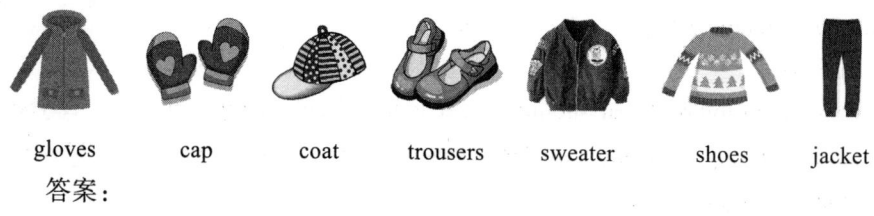

gloves   cap   coat   trousers   sweater   shoes   jacket

答案：

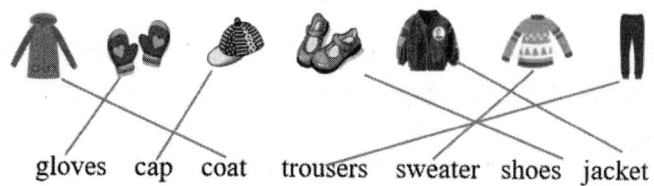

（2）选词填空，可重复使用。

设计意图：锻炼学生对使用单数和复数的理解和运用能力。

题目内容：

| This   These   is   are |

① _____ is a cap.

② _____ are gloves.

③ This _____ a coat.

④ These _____ sweaters.

⑤ _____ _____ my shoes.

答案：

① <u>This</u> is a cap.

② <u>These</u> are gloves.

③ This <u>is</u> a coat.

④ These <u>are</u> sweaters.

⑤ <u>These</u> <u>are</u> my shoes.

2）拓展性作业（巩固 Lesson 1 的单词和 "This is …" "These are …" 的使用，一共 2 道课时作业，预计完成时长 5 分钟，完成方式为解答书写）

（1）填空。

设计意图：让学生在语篇中，通过单词首字母来填写出完整的单词，巩固提升学生对单词和单数复数的运用。

题目内容：

It's cold today. What should I wear today? Look at my wardrobe. Maybe I should wear c_____ and s_____. T_____ are my trousers and shoes. Maybe I should wear g_____ too.

答案：

It's cold today. What should I wear today? Look at my wardrobe. Maybe I should wear my c<u>oat</u> and s<u>weater</u>. T<u>hese</u> are my trousers and shoes. Maybe I should wear g<u>loves</u> too.

（2）补充对话。

设计意图：让学生在语篇中，通过补充对话，更好地理解所学的单词和句型，并运用到对话中，懂得如何介绍自己的衣服。

题目内容：

A. Hello!

B. This is my sweater.

C. These are my gloves.

Lily: Hello!

Ann: (   )

Lily: Look at my wardrobe. (   )

Ann: It's beautiful. Look! (   ) I wear them when the weather it's cold.

Lily: It's nice too! I like them.

Ann: Thank you! I like yours too.

答案：

Lily: Hello!

Ann: <u>Hello!</u>

Lily: Look at my wardrobe. <u>This is my sweater.</u>

Ann: It's beautiful. Look! <u>These are my gloves.</u> I wear them when the weather it's cold.

Lily: It's nice too! I like them.

Ann: Thank you! I like yours too.

2. 课堂练习

1）基础性作业（巩固 Lesson 2 的句型 "What should I wear today?" "I should wear …"。一共 1 道课时作业，预计完成时长 3 分钟，完成方式为听说）

说一说，演一演。

设计意图：学生通过小组活动给 Andy 提出建议，培养学生语言综合运用能力与合作能力。

题目内容：

答案：

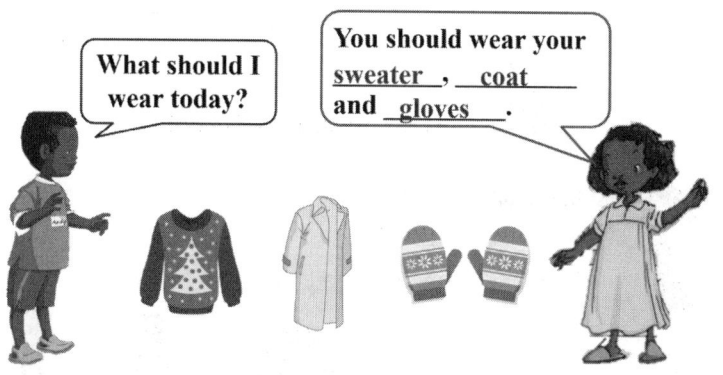

2）拓展性作业（巩固 Lesson 2 的句型"What should I wear today?""I should wear …"，一共 1 道课时作业，预计完成时长 3 分钟，完成方式为听说）

说一说。

设计意图：根据生活经验选择服装。内化知识，学以致用，提高语言综合运用能力与合作能力。

题目内容：

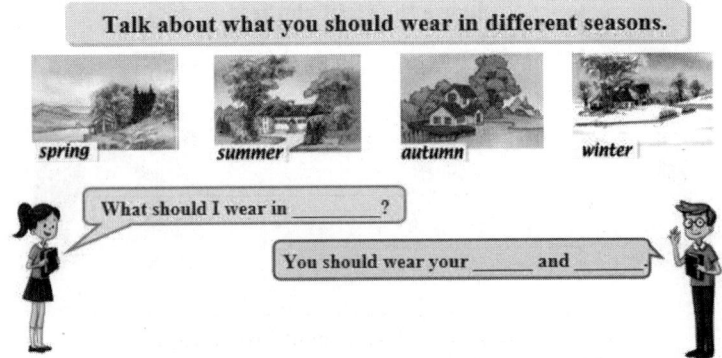

答案：

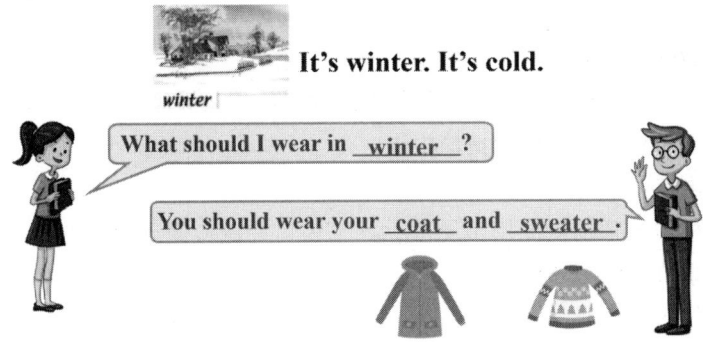

3. 课后巩固

1）基础性作业（巩固 Lesson 2 的句型"What should I wear today?""I should wear …"，一共 1 道课时作业，预计完成时长 5 分钟，完成方式为听说）

与父母谈一谈不同的季节应该穿什么衣服，然后再仿造例句写一写，造两个句子。

设计意图：内化知识，学以致用，提高语言综合运用能力与书写能力，能够正确书写句子。

题目内容：

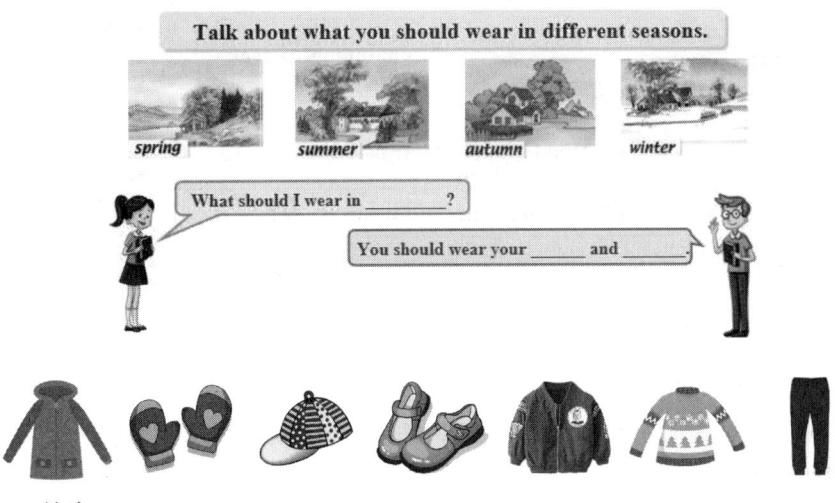

答案：

E.g. What should I wear in winter?

You should wear your sweater and gloves.

2）拓展性作业（巩固 Lesson 2 的句型"What should I wear today?""I should wear …"，一共 1 道课时作业，预计完成时长 30 分钟，完成方式为操

作实践）

做一做你自己的四季穿衣指南手册。

设计意图：内化本节课所学的句型，学以致用，提高语言综合运用能力，并将知识运用到真实的生活情境中来。

题目内容：

学生根据老师提供的模板图片，回家模仿并制作属于自己的四季穿衣手册。一个季节一张图片即可。

提供的图片：

提供的例子：

It's autumn. It's cool.

What should I wear in autumn?
You should wear your shirt and trousers.
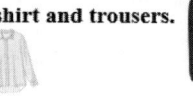

（三）第 3 课时

1. 前置预习

该部分共设计 2 道题，是第三课时作业，预计完成时间 5~8 分钟，属于解答类作业。

设计意图：巩固复习在 Lesson 1 和 Lesson 2 学过的本单元重点单词和句型，并根据已掌握的知识在所给的情境中加以综合运用。

1）基础性作业

看图，选择相应的答案。

设计意图：巩固复习在 Lesson 1 和 Lesson 2 学过的重点单词和句型。

题目内容：

① (　　) A. It's cold, What should I wear today? B. It's hot, What should I wear today?	You should wear a coat.	
② (　　) What are those?	A. It's a trouser. B. They are trousers.	
③ (　　) What should I wear today?	A. I should wear a sweater. B. You should wear a sweater.	
④ (　　) A. What are these? B. Are these gloves?	They're gloves	

答案：A，B，B，A

2）拓展性作业

前置拓展性作业设计 1 道题，是第 3 课时作业，预计 3~5 分钟完成，属于解答类作业。

情景交际，补全对话。

设计意图：根据已掌握的知识在所给的情境中加以综合运用。

题目内容：

A. What should I wear today?　　B. OK. Should I wear a cap?

C. Yes, but it's cold outside.　　D. Good morning, Lily.

E. Yes. Please wear your gloves, too.　　F. OK. Thanks mom!

At Lily's home...

Lily: Good morning, Mom.

Mom: (D)

Lily: Can I go out to play?

Mom: (　　)

Lily: (　　)

Mom: You should wear your sweater and coat.

Lily: (　　)

Mom: Yes. Please wear your cap.

Lily: OK. Should I wear gloves?

Mom: (   )

Lily: (   )

答案: C, A, B, E, F

2. 课堂练习

该部分共设计 3 道题，是课时作业，预计完成时间 8 分钟，属于阅读解答类作业。

1）基础性作业

（1）设计意图：通过阅读短文完成选词填空练习，检验学生对课本 Lesson 3 的书信内容的掌握情况，以及掌握从文中获取信息的能力。

题目内容：

① John is going to _____ (Sydney/Beijing) next week.

② It's _____ (summer/winter) in Sydney.

③ John wears a _____ and _____ in Sydney.

答案：① Beijing   ② summer   ③ T-shirt, shorts

（2）设计意图：通过选词填空完成给 John 的回信，完成知识点的迁移与应用，并渗透英文书信的书写格式。通过两篇文章的比较，让学生感知同一时间南北半球不同的季节差异。

题目内容：

| socks   cold   sweater |

Beijing, November 26th

Dear John,

It's winter in Beijing now. It's very _____ and snowy here. You should wear a big _____ and a warm coat. Wear a hat, a pair of gloves and thick _____ too.

I'm looking forward to seeing you!

Binbin

答案：① cold   ② sweater   ③ socks

2）拓展性作业

设计意图：通过表格型阅读理解，检验学生对短文的理解能力和从表格中获取信息的能力。

题目内容：

Andy	Joy
Zhuhai Season: autumn Weather: windy Temperature: 25℃	Harbin Season: winter Weather: snowy Temperature: -8℃
Clothes： Jacket, sports shoes	Clothes： sweater, coat, gloves

① Andy should wear a _____ (jacket/sweater) in Zhuhai.

② Joy wears _____ (sports shoes/gloves) in Harbin.

③ It's _____ (cold/warm) in Zhuhai.

④ It's _____ (winter/summer) in Harbin.

答案：① jacket　② gloves　③ warm　④ winter

3. 课后巩固

该部分共设计 2 道题，是课时作业，预计完成时长 10 分钟，属于解答类和操作实践类。

1）基础性作业

设计意图：通过自主阅读短文，完成相应的判断对错类题型，培养学生的阅读判断能力，提高学生阅读理解能力和从短文中获取信息的能力。

题目内容：阅读短文，判断对错。对的写 T，错的写 F。

Dear Bill:

　　I'm in Shanghai now. The weather in Shanghai is not very good. In spring, the weather is not very hot, and also it's not very cold. But summer is very hot. I wear a T-shirt and shorts. Autumn is the best (最好的) season, it's sunny and warm everyday. In winter, I always wear a sweater and gloves. It's very cold. How about your city (城市)?

Yaoyao

① (　　) The weather in Shanghai is very good.

② (　　) Yaoyao wears a T-shirt and shorts in summer.

③ (　　) It's sunny and warm in autumn.

④ (　　) In winter, Yaoyao only (仅仅) wears a sweater.

答案：① F　② T　③ T　④ F

2）拓展性作业

仿照例子写一写你现在在珠海穿了什么，让学生学习联系生活实际，感受体验自身的生活环境，并检查学生对知识的应用和学过知识的迁移和创新能力。

题目内容：运用所学知识，读一读，画一画，仿照例子写一写在珠海，你现在穿了什么。

My name is <u>Lily</u>. It's <u>winter</u> in Harbin.
It's <u>cold and snowy.</u>
I should wear <u>a coat</u>.
I should wear <u>a sweater</u>, too.

My name is _____. It's _____ in Zhuhai.
_____
_____
_____

答案（供参考）：

My name is Mary. It's autumn in Zhuhai. It's sunny and warm. I should wear a jacket. I should wear trousers, too.

（四）第 4 课时

1. 前置预习

1）基础性作业（设计 2 道题，跟唱 26 个字母发音的儿歌，是第 4 课时作业，预计 1 分钟完成，属于听说类作业）

设计意图：通过跟唱歌曲，复习 26 个英语字母的发音。

题目内容：跟唱歌曲 *The letter sounds*。

2）拓展性作业（设计 1 道题，制作七色花，是第 4 课时作业，预计 3 分钟完成，属于操作实践、探究类作业）

设计意图：通过制作七色花（辅音字母与元音字母组合拼读），训练学生的拼读能力。

题目内容：根据老师发的练习纸，通过花瓣（辅音字母）和花蕊（元音字母组合）的连拼，完成花朵的制作。共 4 朵花，花蕊分别是前 4 个单元的语音字母组合，学生只需要选择其中的 1 朵花完成即可。

答案：

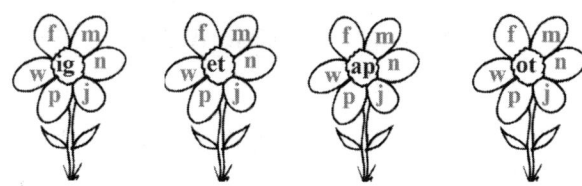

2. 课堂练习

课堂练习部分共设计 3 道题，是课时作业，预计完成时长 8 分钟，属于听说、阅读表达类作业。

1）基础性作业

（1）听词排序。

设计意图：通过完成听词排序的练习，检查学生是否掌握本课时目标语音 un、ut，能听音辨词。

（2）听写词语。

设计意图：通过完成听词写词的练习，检查学生是否掌握本课时目标语音 un、ut，听音能写。

2）拓展性作业

设计意图：通过让学生尝试自主朗读、小组合作读和跟视频读含有目标语音（un、ut）的绘本，检查学生对目标语音的掌握程度，用阅读检查拼读。

3. 课后巩固

该部分共设计 2 道题，是课时作业，预计完成时长 10 分钟，属于阅读表达类和操作实践类。

1）基础性作业

设计意图：通过自主尝试朗读绘本，让学生运用所学的 ut、un 发音规律来进行拼读和阅读。培养学生整合运用的能力，同时提升学生的阅读能力，并且也运用到拓展的 up 的语音。

2）拓展性作业

设计意图：通过运用本课含有目标语音的单词，创编诗歌或者故事，检查学生对语音的应用及迁移创新能力。

题目内容：用书本语音单词（nut、cut、hut、sun、fun、run）创编一首小诗歌或一篇小故事。

答案：（仅供参考）

Andy runs in the sun. It's fun.

Andy cuts the nut in the hut. It's not fun.

第三节　过程性评价

我们结合"拼·悦·读"校本课程内容和学校每学年的英语节活动，让学生以表演和项目化的方式进行反馈，利用每天午读 10 分钟、绘本故事书写比赛、绘本故事视频展示、故事地图、阅读手抄报比赛等，为学生搭建各种平台，展示自己的阅读收获，同时考查学生们的拼读能力、阅读习惯、朗读能力和阅读策略，促使学生乐学好学，反馈学生的英语学科素养发展情况。同时，我们还通过学校每年为期一个月的英语活动月，展示学生各项阅读成果。

1. 英语绘本故事地图

2. 英语创意书签

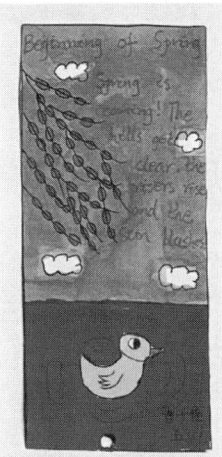

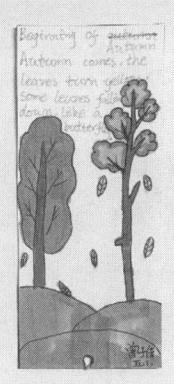

3. 英语绘本手抄报评比

4. 英语优秀主题作业评比

根据学科特点，结合教材和学生实际，将课程内容与学生全面发展相结合，将基础性作业和个性化作业相结合，让学生在个性化学习中享受，在体验中成长。

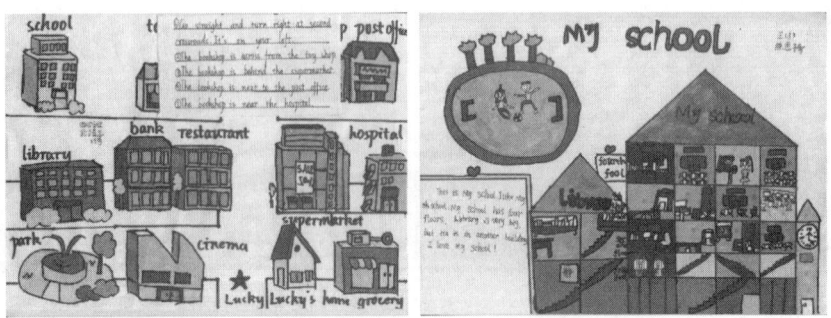

第九章
对"拼·悦·读"校本课程评价的思考

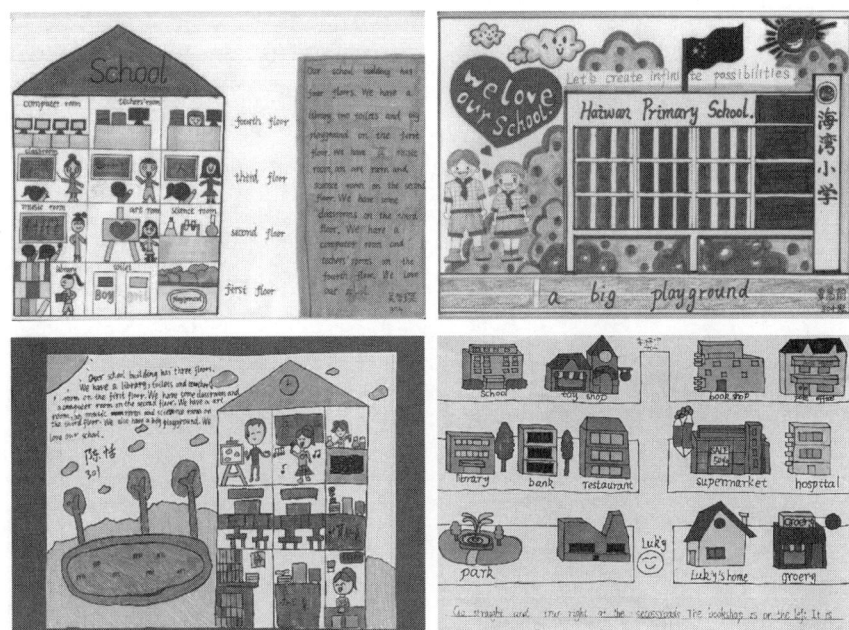

第十章 "拼·悦·读"校本课程建设研究结论与展望

第一节 研究结论及成果

在小学阶段开展英语阅读教学能有效提升学生的学科素养。但现阶段小学英语阅读教学存在阅读材料匮乏、教学方法单一、评价片面等问题。本书介绍通过"拼·悦·读"校内拓展阅读校本课程建设的研究，对"拼·悦·读"校本课程的目标、内容、实施途径和评价方式展开分析，以六要素整合的英语活动观为课程实施路径，结合教材的单元主题，补充相应的拼读绘本和主题绘本阅读，提升学生的学科核心素养。在此基础上提炼的课题"提升英语学科素养的小学英语'拼·悦·读'校本课程建设研究"获得珠海市 2020 年度科研课题立项（课题编号：2020GZS39），并于 2022 年 12 月通过结题成果验收，顺利予以结题。

一、研究结论

综合本书的各种研究资料，现得出以下结论：

（1）开发出基于教材单元主题的小学英语课内拓展"拼·悦·读"读本，补充教材语音内容及语篇阅读材料，通过"跟 Ms Cai 一起拼悦读"微信公众号推送，为一线教师提供丰富的备课资源，同时为满足学生个性化学习提供资源与平台，为学生自主学习提供便利。

（2）提炼出"拼·悦·读"校本课程教学模式：基于"教—学—评"一体化的 1+2+3 模式。将单元作为 1 个整体进行教学，开展语音阅读课和主题阅读课 2 种课型，将课程六要素整合的英语学习活动观下的学习理解、应用实践、迁移创新 3 种层次的活动作为教学路径，开展基于"教—学—评"一体化的单元整体教学，提高学生的阅读理解能力，提升学生的学科核心素养。

（3）凝练出 Reading for phonics、Phonics for reading and Reading for meaning 3 种阅读课型的教学策略，培养学生的语言能力、学习能力、思维品质和文化意识，最终提升学生的学科核心素养。

二、成果论文

研究过程中，课题组凝练出成果论文 2 篇，现附录其后，与同行共勉！

附：

新课标理念下基于单元整体教学的小学语音课程设计与实施路径

—— 以人教版《英语》（一年级起点）Let's Spell 为例[①]

珠海市香洲区海湾小学　蔡晓霞

一、引　言

2022年4月1日颁布了重新修订的《义务教育英语课程标准（2022年版）》（教育部，2022；以下简称《新课标》）指出，核心素养是课程育人价值的集中体现，是学生通过课程学习逐步形成的适应个人终身发展和社会发展需要的正确价值观、必备品格和关键能力。（教育部，2022:4）

而从课程的理念到课程的落地，更多地取决于一线教师的教学设计与实施，通过课程学习，让学生能做事（关键能力），习惯做正确的事（必备品格），以及坚持把事做正确（价值观念）。（崔允漷，2022）

本课题结合珠海市使用的新教材人教版（一年级起点）英语中的语音板块，根据新课标一级语音内容要求，基于单元整体教学设计校本语音课程，围绕单元主题，整合语言和文化知识，帮助学生提升思维品质，形成正确的价值观。

二、确定一到三年级语音教学目标

在语音教学中，我们尝试进行语篇文本重构，让学生围绕特定主题，基于语篇，形成语音拼读能力和阅读能力。

三、探索语音教学实施路径

1. 基于主题意义探究的语篇重构

珠海市教材人教版《英语》（一年级起点）一到三年级的语音板块的字母

[①] 本文为"珠海市教育科研规划课题2022年度资助项目"（课题编号：2022ZHGHKTG139）成果。

和语音单词之间没有联系，教师在教授语音板块时，只是通过对零散的单词进行机械的重复来教授字母或字母组合的发音规则。知识的复现能力都达不到，更不要说素养的形成。

拼读教学应遵循以意义探究为主线的原则，还需重视培养语音、音素意识，开展音、形、义整体教学。（2021 中国 K12 英语阅读教育行业研究报告）

教学前，我们进行了基于主题意义探究的语篇重构。通过基于主题意义探究的语篇重构，在真实情境中围绕主题开展教学，引导学生语音能力、思维品质、文化意识和学习能力的融合发展，有利于核心素养的形成。

（1）人教版《英语》（一年级起点）二年级下册 Unit 6 My week 文本重构（课型：reading for phonic）。

教材要求学习字母 v、w、x、y、z 和单词 vegetable、water、box、yellow、zoo 中的发音。单词零散又各不相关，很难在主题意义下围绕语篇进行教学。教学前，我们根据主人公 Yaoyao 六一去动物园游玩的主题活动，巧妙地把六个字母有机地联系在一起。Yaoyao 在动物园看到了 zebra，学习字母 z 的发音；得到了小丑六一节的礼物 box，里面是 fox，学习字母 x 的发音；观看了动物 yak 和 yarke 的表演，学习字母 y 的发音；中午在餐厅吃饭，学习 water、vegetable，字母 w 和 v 的发音。

学生在情境中有意义地学习和操练语音，还结合相关的语音，了解了参观动物园的一些行为准则：Don't yell when we visit the zoo. Be quiet when watch the ox and the fox.

（2）人教版《英语》（一年级起点）三年级下册 Unit 4 My family—Let's spell 语篇重构（课型：phonic for reading）。

本课语音是字母组合 u-e 的两种发音学习：use、cute、tube、June、flute、rule 这六个单词互不相关，不能够在真实语境中围绕主题进行教学。所以我们用书本上的 4 个语音词重组了一首介绍驴子的小诗歌。通过小驴找朋友的情景，巧妙引入含有字母组合 u-e 的语音绘本，在主题语篇中感知、对比和内化字母组合 u-e 的发音，要求学生在绘本故事的学习中，结合语音单词，学会礼貌地询问：Excuse me, may I use your...? Yes, here you are.

Chant:

This is a mule. A very cute mule.

He has a tube. A very huge tube.

The mule can use the very huge tube.

Picture book:

The mule.

The blue mule.

The blue mule tunes a flute.

The blue mule tunes a flute and a tuba for the duke.

The duke uses the flute and the tuba.

The blue mule has no music.

Rude duke!

The blue mule tunes a lute.

The rude duke is blue!

2. 基于单元整体教学的语音教学实践

（1）单元整体教学的意义。

单元整体教学是指英语教师结合《义务教育英语课程标准》对英语教学的目标要求，在对教材分析和学习者学习需求分析的基础上，以主题为核心、以单元为备课的基本单位，围绕教学目标、教学内容、教学过程和教学评价四个方面，对教材教学单元进行整体预设的过程。

（2）基于单元整体教学的语音教学。

在语音教学中，我们在基于主题意义探究的语篇文本重构后，围绕课时主题，合理构建层次，开展学习活动。现以二年级 reading for phonic 的课型详细阐述基于单元整体教学，以英语活动观为实施路径的语音教学实践。

① 课型：reading for phonic 人教版《英语》（一年级起点）二年级下册 Unit 4 My Week Lesson 3。

A. 学习理解类活动。

Yaoyao 六一去动物园游玩，在游玩的过程中把 6 个字母和单词串联起来，让学生在情景中感知、学习和理解新单词：vegetable、water、box、yellow、zoo。在教学五个单词的过程中，通过听音、观察字母形状、图与词配对等活动，梳理文本，帮助学生提取相关信息，提升思维。

B. 应用实践类活动。

在学完字母后，我们设置了一个归类的活动，通过让学生听音辨别首字母把物品归类、给字母排序等活动实现语音的音、形、义的统一。

C. 迁移创新类活动。

在课堂上，学生在跟着 Yaoyao 游玩动物园的情景中学习和操练了含有本课字母 v、w、x、y、z 的动物和物品。课后我们通过布置作业，请学生在学校、社区、商场等场所寻找含有字母 v、w、x、y、z 的物品，从课堂迁移到实际生活，提高学生解决真实问题的能力。

② 课型：phonic for reading 人教版（一年级起点）英语三年级下册 Unit 4 My family—Let's spell。

A. 基于语篇的学习理解类活动。

a. 感知与注意。

通过基于意义探究的重构语篇，在主题中整体感知字母组合 u-e 的发音，通过听、说、唱等形式，从小诗中的 mule、cute、tube、use、huge 感知 u-e 的第 1 种发音。

b. 获取与梳理。

接着，通过小诗中驴子找朋友的情景，巧妙引入字母组合 u-e 的语音绘本，在阅读中通过图片环游的方式，感受、对比 u-e 的两种发音。通过 the blue mule 和 the duke 乐器演奏中发生的矛盾，让学生在故事阅读中懂得礼貌待人。

B. 深入语篇的应用实践类活动。

a. 分析与判断。

师生通过图片环游了解故事大意后，学生自主阅读，找出带有字母组合 u-e 发音的单词并尝试朗读。分析对比 u-e 的两种发音，并分类。

b. 内化应用。

通过让学生讨论 the blue mule 和 the duke 乐器演奏中发生的矛盾，让学生在故事阅读中懂得礼貌待人；结合语音单词，学会礼貌地询问：Excuse me, may I use your...? Yes, here you are.

在学习理解 u-e 的发音规则的基础上，引导学生基于所形成的结构化知识迁移拼读含有相同语音的新词，内化知识，促进能力的转化。

C. 超越语篇的迁移创新类活动。

学生先回忆本课所学习的含有 u-e 发音的单词并归类，根据老师给出的开头续写故事或创编对话。学生内化绘本中所学道理，能够使用恰当的礼貌用语向别人借用东西。

在本课中，通过整合语音单词重构语篇和引入含有单元语音 u-e 的绘本，学生不仅学习并掌握了字母 u-e 的语音知识，更是在主题意义的探究过程中，获得了积极的学习体验，获得了新知，运用所学知识，围绕主题表达个人观点和态度，解决如何向别人礼貌借东西的真实问题，达到培养核心素养的目的。

四、结　语

《义务教育英语课堂标准（2022 版）》绘制了课程蓝图，旨在培育时代新人。而从课程理念到实践更多地取决于教师的教学设计能力与课程实施。教师要更新理念，践行六要素整合的英语活动，坚持"教—学—评"一体化，确保学习的真正发生，使核心素养最终落地。

参考文献：

[1] 中国英语阅读教育研究院. 小学英语拼读教学探究——《2021 K-12 英语阅读教育拼读教学专题研究报告》节选[J]. 英语学习，2022 (2): 58—61.

[2] 龚亚夫. 超越学科的站位高度，能做成事的教学设计——《义务教育英语课程标准》(2022 年版）解读培训系列活动（二）[R]. 广东：广东省教育研究院，2022.

"双减"背景下指向深度学习的小学英语单元整体作业设计研究

—— 以人教版（新起点）三年级英语为例[①]

珠海市香洲区海湾小学　蔡晓霞

一、引　言

2021年7月，中共中央印发了《关于进一步减轻义务教育阶段学生作业负担和校外培训负担的意见》，又称"双减"。文件的具体内容是减轻义务教育阶段学生校外培训负担和校内作业负担。减负的根本途径是提升课堂教学质量，让孩子在单位时间内的学习效果实现最大化，通过"双减"，倒逼学校重新思考教育教学和学习的本质。"双减"背景下，如何开展教育教学，提升学科核心素养，减轻学生作业负担，指向深度学习的提质增效值得我们思考。

二、理论基础

1. 深度学习

深度学习（Study of Deeper Learning: Opportunities and Outcomes，SDL）是由美国威廉和弗洛拉·休利特基金会发起，美国研究院组织实施的项目。深度学习需要连接真实世界的、有意义的、面向问题解决的学习任务。中国学者北京外语师范大学王蔷教授是这样定义的：学生在教师引领下，基于已有知识和经验，依托语篇，以解决问题为目的，主动学习和运用语言知识、语言技能和学习策略，经过丰富的学习和实践活动，内化为个人的知识与能力。在教学实践中，笔者通过单元整体教学与作业设计，建构探究、应用、创新性活动，促使学习的真正发生，培养学生解决问题的能力，指向深度学习。

2. 单元整体作业设计

单元整体作业设计是围绕一个单元主题设计的系列性作业。在课堂实践中，笔者基于单元主题，整体统筹规划每个课时课前、课中和课后作业，检

[①] 本文为"珠海市教育科研规划课题 2022 年度资助项目"（课题编号：2022ZHGHKTG139）成果。

验课堂教学与学生学习效果，是课堂教学的延伸，指向真实生活，用语言解决问题。

三、指向深度学习的单元整体作业设计解析

以下以人教版（新起点）英语三年级上册 Unit 5 Clothes 为例，探讨如何进行指向深度学习的单元整体作业设计。

1. 教材研读

本单元教材内容为人教版《英语》（一年级起点）三年级上册 Unit 5 Clothes 这一单元，由单元封面、Lesson 1、Lesson 2、Lesson 3、Let's spell、Let's check、Fun time，以及 Story time 各个板块组成，提炼整理出以下 5 个语篇。

语篇 1：配图词汇，介绍服装。This is a coat. These are gloves.

语篇 2：日常简短对话，询问并给出服装建议的对话。

语篇 3：配图明信片，介绍天气特征，询问服装建议。

语篇 4：配图故事，是有关一只乌鸦给自己衣服染色的小故事，拓展不同材质衣服的原材料。

语篇 5：配图短文，阅读信息并完成短文填空。

2. 主题意义探究

本单元主题为"认识服装，正确选择服装，合理制定计划"，通过单元学习，学生能用英语准确介绍服装；能够在真实情境下对环境信息（季节、天气、客观因素）进行加工，主动积极思考服装选择问题，积极与他人交流并合作学习，为他人着装提供建议。

四、基于主题意义探究的整体单元设计实践

基于教材、语篇分析，确定单元主题、子主题和课时教学、作业目标后，笔者整合单元教学资源，基于学生的学情特点和课时主题，设计关联、递进综合实践性的课后作业，让学生围绕主题开展有意义的学习，作为单元整体教学的评价反馈，真正实现减负、提质、增效。下面以人教版（新起点）英语三年级上册 Unit 5 Clothes 为例说明。

1. 第一课时

（1）听录音，在对应的括号内写编号。复习已学过的衣服类单词，帮助学生及时巩固。

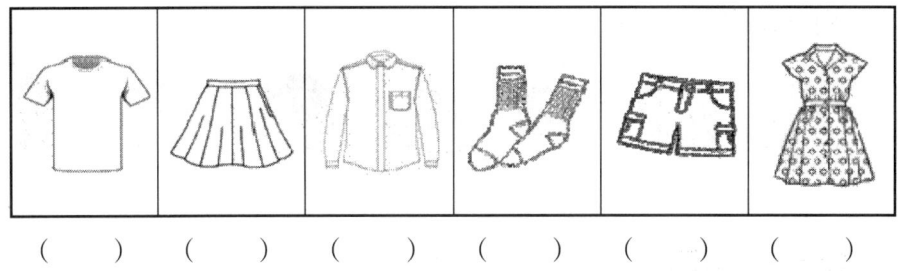

(   )   (   )   (   )   (   )   (   )   (   )

（2）制作购物清单：根据 Andy、Ann 的需求，和小组同学一起讨论双 11 购物清单。学生通过制作购物清单巩固新学的单词，培养学生的合作能力和综合语言运用能力。

2. 第二课时

（1）阅读填空：让学生在语篇中，通过单词首字母来填写出完整的单词，巩固提升学生对单词和单数复数的运用。

It's cold today. What should I wear today? Look at my wardrobe. Maybe I should wear c_____ and s_____. T_____ are my trousers and shoes. Maybe I should wear g_____ too.

（2）制作穿衣指南：做做自己的四季穿衣指南手册。内化本节课所学的句型，学以致用，提高语言综合运用能力，并将知识运用到真实的生活情境中来。

内容：

学生根据老师提供的模板图片，回家模仿并制作属于自己的四季穿衣手册。一个季节一张图片即可。

提供的图片：

提供的例子：

It's autumn. It's cool.

What should I wear in autumn?

You should wear your shirt and trousers.

3. 第三课时

（1）表格阅读：通过表格型阅读理解，检验学生的短文理解能力和从表格中获取信息的能力。

Andy	Joy
Zhuhai	Harbin
Season: autumn	Season: winter
Weather: windy	Weather: snowy
Temperature: 25 °C	Temperature: −8 °C
Clothes: Jacket, sports shoes	Clothes: sweater, coat, gloves

1. Andy should wear a _____ (jacket/sweater) in Zhuhai.

2. Joy wears _____ (sports shoes/gloves) in Harbin.

3. It's _____ (cold/warm) in Zhuhai.

4. It's _____ (winter/summer) in Harbin.

（2）短文阅读：通过自主阅读短文，完成相应的判断对错类题型，培养学生的阅读判断能力，提高学生阅读理解能力和从短文中获取信息的能力。

内容：阅读短文，判断对错。对的写 T，错的写 F。

Dear Bill:

I'm in Shanghai now. The weather in Shanghai is not very good. In spring, the weather is not very hot, and also it's not very cold. But summer is very hot. I wear a T-shirt and shorts. Autumn is the best (最好的) season, it's sunny and warm everyday. In winter, I always wear a sweater and gloves. It's very cold. How about your city (城市)?

Yaoyao

1. (   ) The weather in Shanghai is very good.

2. (   ) Yaoyao wears a T-shirt and shorts in summer.

3. (   ) It's sunny and warm in autumn.

4. (   ) In winter, Yaoyao only (仅仅) wears a sweater.

（3）模仿写作：通过仿照例子写一写关于你现在在珠海穿了什么，让学生学习联系生活实际，感受体验自身的生活环境，并检查学生对知识的应用和学过知识的迁移和创新能力。

内容：运用所学知识，读一读，画一画，仿照例子写一写在珠海，你现在穿了什么。

My name is Lily. It's winter in Harbin.
It's cold and snowy.
I should wear a coat.
I should wear a sweater, too.

My name is_____. It's _____ in Zhuhai.

五、结　语

　　基于单元主题与课时主题，设计逻辑清晰、相互关联、层层递进、指向问题解决的实践性作业，从学生的作业表现评价课堂学习效果，通过课后迁移创新的拓展性及综合实践性作业的设计与实施策略，把知识转化成素养，指向真实生活，培养学生真实解决问题的能力，实现减负、提质、增效，最终提升学生的学科核心素养，落实立德树人的根本目标。

参考文献

[1] 教育部. 义务教育英语课程标准（2022年版）[M]. 北京：北京师范大学出版社，2022.

[2] 朱浦，祁承辉. 小学英语：落实教学基本要求——优化单元整体设计，关注单课有效实施[J]. 上海课程教学研究，2017（06）：68-70.

[3] 周诗杰. 基于学科核心素养的小学英语单元整体教学设计探究[J]. 英语教师，2018（15）：156-159.

[4] 阮正军. 小学英语单元整体教学设计的思考[J]. 中小学外语教学（小学篇），2015（1）.

第二节　反思与展望

针对本书研究中存在的问题，笔者进行了认真反思和总结。在今后的教学研究和实际教学工作中，我们要从以下几个方面尽心改进和完善：

1. 扩大研究成果的影响

笔者在研究本书问题的过程中，打破了校际、区域间的限制，使不同学校同类学科的老师在研究的过程中相互交流与合作。研究中充分借鉴了不同学校的做法，实现资源互补和共享。今后将积极探索"拼·悦·读"校本课程的实施路径，调整教学方法，转变学生和家长的观念，扩大研究成果影响，唯有多方面的共同努力，才能真正使研究的成果发挥它应有的效应。

2. 深入研究"拼·悦·读"校本课程的应用与评价，完善研究

笔者开发了"拼·悦·读"校内拓展阅读校本课程，并对"拼·悦·读"校本课程的目标、内容、实施途径和评价方式展开分析，以六要素整合的英语活动观为课程实施路径，结合教材的单元主题，补充相应的拼读绘本和主题绘本阅读，提升学生的学科核心素养。

但在应用过程中，对于学生核心素养的提升方面较难评价，在今后的研究工作中，我们将继续完善课程评价的方法、维度和标准，使课程真正落到实处，促进学生学科素养的真正提升。

由于上述原因，本书研究具有一定的局限性，但笔者一直把研究目标谨记于心，在今后的研究中，希望能通过更多的单元整体教学实践，论证"拼·悦·读"校本课程的实施路径和评价方法，探索出能更有效提升学生学科核心素养的教学方法和评价方法，使"教—学—评"一体化发挥协调育人功能，为落实立德树人最终教育目标贡献更多的力量。

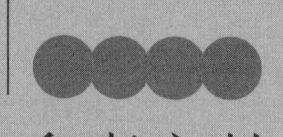

参考文献

[1] 教育部. 义务教育英语课程标准（2022年版）[M]. 北京：北京师范大学出版社，2022.

[2] 程晓堂. 义务教育课程标准（2022年版）课例式解读小学英语[M]. 北京：教育科学出版社，2022.

[3] 朱浦. 教育问题思考[M]. 上海：上海教育出版社，2008.

[4] 崔允漷. 谁来决定我们学校的课程：一种分析的框架[J]. 全球教育展望，2001（1）：21-25.

[5] 马世晔. 阅读素养与国家竞争力——国外阅读素养测试对我们的启示[J]. 教育测量与评价（理论版），2010（7）：13-15.

[6] 李臣之. 校本课程开发的三个基本问题[J]. 课程·教材·教法，2012（5）：22-24.

[7] 肖林元. 校本课程的建设性缺失与矫正对策——以南京地区校本课程建设为例[J]. 课程·教材·教法，2015（3）：5-7.

[8] 王蔷，敖娜仁图雅. 中小学英语绘本教学的途径和方法[J]. 课程·教材·教法，2017，37（4）：68-73。

[9] 吴燕蔓. 基于英语绘本与分级读物的小学英语学科核心素养培养[J]. 教学与管理，2018（18）：88-91.

[10] 王瑞娟，刘群群，王晓君. 浅谈如何利用自然拼读法进行小学英语词汇教学[J]. 英语教师，2020，20（24）：45-47.

[11] 林丽彤. 自然拼读法在小学英语词汇教学中的应用研究[J]. 校园英语，2020（16）：84-85.

[12] 万玲. 浅谈游戏，故事类教学资源在小学英语教学中的整合与应用[J]. 考试与评价，2013（4）.

[13] 张圆圆. 故事阅读在小学英语教学中的运用[J]. 考试与评价，2017（1）.

[14] 王素梅，郑佳婕，罗少茜. 小学英语课堂5分钟课外故事阅读的行动研究. 中小学外语教学：小学版，2015（11）：62-64.